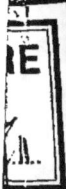

24704

CATALOGUE

DES

TABLEAUX ET STATUES

DU

MUSÉE DE NANTES.

7e Édition. — 2e du Catalogue refondu.

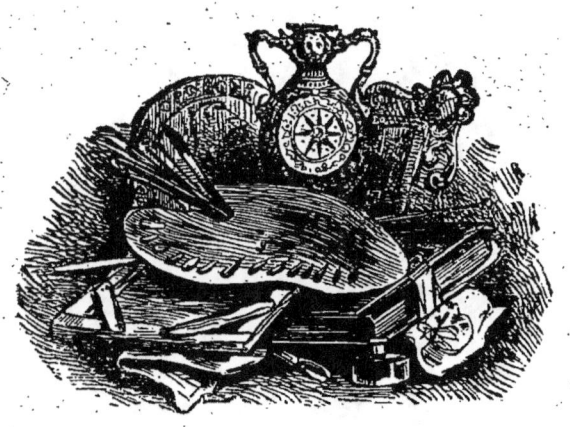

NANTES,
IMPRIMERIE DE Mme Ve CAMILLE MELLINET.

1859.

ORIGINE DU MUSÉE DE NANTES.

La ville de Nantes, en 1810, sous la mairie de M. Bertrand-Geslin, fit l'acquisition de la riche collection de feu Cacault, ancien chargé d'affaires de la république près la cour de Rome. Elle y joignit, plus tard, celle de Fournier, ancien architecte-voyer de la ville. Depuis, ces collections ont été enrichies par divers envois du Gouvernement, par les acquisitions de l'Administration municipale, par quelques dons particuliers, par le legs de la collection Clarke de Feltre, et enfin par la donation Urvoy de Saint-Bedan. Les tableaux épars jusqu'en 1830, dans les établissements communaux, furent réunis en collection, à cette époque, par les soins de Mr G. Barbier, adjoint de la Mairie, ancien député, et de M. Bédert, qui en fut nommé conservateur. L'inauguration du Musée eut lieu le 1er avril 1830. A la mort de M. Bédert, en 1851, M. H. Baudoux, membre de la commission du Musée depuis son origine, lui succéda dans ces fonctions.

Voir, pour plus amples détails, l'intéressante et consciencieuse *Notice historique sur le Musée de Peinture de Nantes*, d'après des documents officiels et inédits, par M. Henri de Saint-Georges, secrétaire en chef de la Mairie. 1 vol. in-16, imp. de Guéraud et comp., à Nantes.

En entreprenant de refondre le Catalogue du Musée de Nantes, nous ne nous sommes point dissimulé tout ce que cette tâche avait de difficile, surtout en l'absence de documents précis sur l'origine de la plus grande partie des tableaux qui le composent. Ce travail, nous le savons, ne peut se compléter qu'à l'aide du temps, d'avis éclairés et d'une persévérance suivie ; mais la nécessité nous faisait une loi d'y mettre la première main, et, malgré la juste défiance de nos forces, nous avons dû nous y dévouer. Certes, nous n'avons point la prétention d'infaillibilité dans toutes nos attributions, aussi ne les avons-nous indiquées que pour les tableaux dont nous croyons l'authenticité certaine ou à peu près. Pour tous les autres, nous les avons notés parmi les inconnus, en les divisant seulement par école jusqu'au moment où des indications plus précises nous permettront d'être fixé à leur égard. Les notices sur les artistes ont été puisées aux sources qui nous ont semblé les meilleures, et, sous ce rapport, les catalogues de la galerie du Louvre, rédigés par M. Villot, conservateur des tableaux, avec un talent et une conscience si remarquables, nous ont été de la plus grande utilité. Nous avons déjà pu faire quelques rectifications dans cette nouvelle édition ; mais pour compléter ou améliorer notre travail, nous faisons un appel à toutes les personnes qui se sont vouées, par goût ou par profession, à l'étude si attachante des beaux-arts, heureux de leur offrir, en échange de leurs bons avis, le tribut de notre reconnaissance.

Nantes, le 25 janvier 1859.

Le Conservateur du Musée,

H. BAUDOUX.

ABRÉVIATIONS

EMPLOYÉES DANS CE CATALOGUE.

H............... Hauteur.
L............... Largeur.
T............... Toile.
B............... Bois.
C............... Cuivre.
G^t............... Donné par le Gouvernement.
C. C^t.......... Collection Cacault.
C. F............ Collection Fournier.
C. Cl. de F..... Collection Clarke de Feltre.
C. U. de S.-B.. Collection Urvoy de Saint-Bedan.
Acq............. Acquis par la ville.

CATALOGUE

DES

TABLEAUX ET STATUES

DU

MUSÉE DE NANTES.

ÉCOLE FRANÇAISE.

ACHARD (JEAN), *peintre vivant.*

1 *Vue des environs de la Chartreuse de Grenoble.*

    H. 0,90. — L. 1,28. T. — Acq. 1845.

ALIGNY (CHARLES-FRANÇOIS-THÉODORE), *peintre vivant, né à Chaumes (Nièvre), élève de Watelet.*

2 *Principale entrée de Corpo di Cava, village entre Naples et Salerne.*

    H. 0,23. — L. 0,32. T. — Acq. 1854.

BALFOURIER (Adolphe), *peintre vivant, né à Montmorency (Seine-et-Oise), élève de Rémond.*

3 *Environs de Dalldemuza (Majorque).*

Signé : Ad. Balfourier.

H. 1,33. — L. 1,95. T. — Acq. 1854.

BARBOT (Prosper), *artiste vivant, élève de Watelet et de Jules Coignet, né à Nantes en 1798.*

4 *Vue d'un aqueduc antique, près de Tivoli.*

H. 1 m. — L. 0,76. T. — Acq. 1836.

5 *Intérieur de forêt,* orné de figures.

Charles II, vaincu à Worcester, est recueilli sous un nom supposé au château de Woodstock, par un cavalier fidèle. Alice, fille de ce dernier, connaît seule le secret du fugitif. Markaim Évrard, colonel attaché à Cromwel et prétendu d'Alice, jaloux des attentions de cette jeune fille pour l'étranger, envoie un cartel à ce dernier par son ami Wildkake, qui lui sert de second. Le rendez-vous a lieu près du Chêne-Royal. Alice, d'accord avec le docteur Rocheliff, veut empêcher le combat entre son amant et celui qu'elle compromettrait en le nommant. Leurs discours énigmatiques sont vains. Alice s'évanouit. — Non! non! dit le roi, cela ne se peut plus à présent : Colonel Évrard, je suis Charles Stuart.

Sujet tiré du roman de *Woodstock,* par Walter-Scott.

Ce tableau a été offert par l'auteur à sa ville natale, 1836.

H. 1,30. — L. 1,88. T.

BARRIAS (Félix-Joseph), *peintre vivant, né à Paris, élève de Léon Cognet.*

6 *La floraja (marchande de fleurs), costume d'Alvito, royaume de Naples.*

Signé : F. Barrias. Rome, 1846.

H. 1,35. — L. 1. T. — Acq. 1851.

BEDERT, *né à Nantes, mort en 1851, ancien conservateur du Musée.*

7 *Grisette nantaise à une fenêtre.*

Donné par la famille de l'auteur, 1851.

H. 0,25. — L. 0,16. T.

BERTIN (Jean-Victor), *né à Paris, en 1775, mort en 1842.*

Il fut élève de Valenciennes, et dut au succès de son école la création d'un prix de paysage pour la pension de Rome, que ses élèves obtinrent presque constamment. Il eut pour élèves, Michalon, Coignet, Boisselier, Enfantin, Corot, Roqueplan, etc.

8 *Paysage.*

Signé : Bertin. 1808.

H. 0,33. — L. 0,41. — C. U. de S.-B.

BILCOQ (vivait en 1792).

9 *Jeune femme assise, regardant une miniature.*

H. 0,22. — L. 0,17. — B. — C. Cl. de F.

ÉCOLE FRANÇAISE.

BILLOTTE (Léon-Joseph), *peintre vivant, né à Dijon, élève de* Blondel.

10 *Convalescence.*

Intérieur d'une chambre à Auzais, près Fontenay (Vendée).

H. 0,40. — L. 0,50. T. — Acq. 1851.

BLANCHARD (Jacques), *né à Paris en* 1600, *mort en* 1638.

Nicolas Bollery, son oncle, et Horace Leblanc, de Lyon, furent ses premiers maîtres. Il alla ensuite en Italie, où il s'attacha principalement à l'école vénitienne. De retour dans sa patrie, son pinceau gracieux et son coloris léger et clair captivèrent les amateurs et lui valurent le surnom de *Titien* français; mais le temps ne lui a pas conservé ce titre qu'il ne méritait pas.

11 *La Vierge tient son fils renversé sur ses genoux.*

Il s'efforce de saisir un chardonneret que lui montre le petit saint Jean.

H. 0,92. — L. 0,92. T. — C. C^t.

BLANCHARD (L.-Gabriel), *né à Paris en* 1630, *mort en* 1704.

Il était fils du précédent, et fut élève de son oncle Jean-Baptiste Blanchard, ce qui le faisait désigner sous le nom de *Blanchard le neveu.* Il fut reçu à l'Académie et nommé successivement adjoint à professeur, professeur et trésorier.

12 *Portraits des Révérends Leseur et Jacquier, mathématiciens et astronomes à Rome.*

Signé : L.-G. Blanchard. 1772.

H. 1,24. — L. 1. T. — C. C^t.

BOHNN (GUERMANN), *peintre vivant.*

13 *Mort de Cléopâtre.*

Signé : GUERMANN BOHNN à Rome. 1841.

H. 1. — L. 1,30. T. — Acq. 1842.

BOISSIEU (JEAN-JACQUES DE), *né à Lyon en* 1736, *mort en* 1810. (Ecole française.)

Cet artiste appartenait à une noble et ancienne famille d'Auvergne. Son aïeul avait été secrétaire, puis exécuteur testamentaire de Marguerite de Valois. De Boissieu, destiné d'abord à la magistrature, manifesta de bonne heure sa vocation pour les beaux-arts, en cherchant à imiter de très-beaux tableaux que possédait son père. Deux peintres, Lombard et Frontier, furent ses premiers maîtres; mais il les dépassa bientôt et ne chercha plus que dans l'étude des ouvrages de Ruysdaël, Berghem, Jean Miel, Both, etc., l'instruction dont il avait encore besoin. Le succès prodigieux qu'obtinrent ses imitations, dont une, entre autres, atteignit le chiffre de 3,000 fr. dans une vente publique, le détermina à se rendre à Paris. Là, ses études, indépendantes de la mode, le firent promptement remarquer. Il se lia avec Joseph Vernet, Soufflet, Watelet, Greuze, et surtout avec le duc de La Rochefoucault, qu'il accompagna dans un voyage en Italie. Une maladie, occasionnée par sa trop grande application, le contraignit d'abandonner la peinture à l'huile, et, depuis lors, il n'exécuta plus que des dessins et des eaux fortes; mais il employa ces ressources avec une habileté supérieure. Toute l'Europe recherchait ses ouvrages. Il était difficile de se les procurer, car sa fortune lui permettait de ne les pas vendre. Aussi, lorsque plus tard il fut ruiné par la Révolution française, put-il, par son travail, amplement suffire à ses besoins. L'Institut de France, les Académies de Bologne, de Florence, de Grenoble, de Lyon, le nommèrent membre correspondant, mais ne purent lui faire quitter son pays natal, où il mourut à l'âge de 74 ans. Les tableaux de ce peintre sont rares et recherchés, et il est plus généralement connu par ses gravures dont l'œuvre ne s'élève pas à moins de 140 et quelques pièces. Le Louvre ne possède qu'une seule toile de Boissieu.

14 *Paysage.*

Une route contourne un rocher surmonté d'une tour. A droite, coule une rivière que traversent deux paysans à cheval.

Signé : *DB*.

H. 0,46. — L. 0,54. T. — C. Cl. de F.

On lui attribue :

15 *Paysage.*

Peint probablement d'après une composition de Ruysdaël.

H. 0,22. — L. 0,32. B. — C. Cl. de F.

BOUCHAUD (Léon-Prudent), *peintre vivant, né à Nantes, élève de* Drolling *et de* Marilhat.

16 *Portrait de l'auteur.*

Donné par lui au Musée. 1848.

Signé : F. Bouchaud. 1848.

H. 0,45. — L. 0,40. T.

BOULANGER (Clément), *né à Paris en mort en* 1842.

17 *La procession des Ardents.*

H. 2,50. — L. 1,88. T. — G^t. 1842.

Une maladie épidémique, fréquente au moyen âge et connue sous le nom de *mal des ardents*, sévit principalement dans la France du Nord, au commencement du XIIe siècle. L'évêque de Paris, voyant les secours de l'art impuissants, plaça les malades sous la protection de sainte Geneviève, et leur fit toucher les reliques de la sainte, promenées à travers les rues de Paris. Le fléau cessa tout à coup ses ravages, et, en mémoire de ce miracle, fut instituée une procession annuelle, qui a été continuée jusqu'à la moitié du siècle dernier. Une petite église avait aussi été érigée, près de la cathédrale de Paris, sous le titre de *Sainte-Geneviève-des-Ardents*. On la détruisit pour agrandir l'hôpital des Enfants trouvés.

BOURDON (SÉBASTIEN), *né à Montpellier en 1616, mort à Paris en 1671.*

A l'âge de sept ans, il entra chez Barthélemi, peintre, à Paris, et y resta sept années. Au sortir de cet atelier, désespérant de se procurer de l'occupation, il s'engagea soldat; mais son chef, après avoir reconnu son talent, pressentit sans doute son avenir et le congédia. Il se rendit alors en Italie, où il fut réduit, pour vivre, à faire des pastiches de différents maîtres. A son retour en France, il exécuta le fameux tableau du crucifiement de saint Pierre, qui établit tout d'un coup sa réputation. Protestant, et persécuté à la révocation de l'édit de Nantes, il se réfugia en Suède, où la reine Christine le nomma son premier peintre. En 1663, il revint à Paris qu'il ne quitta plus, et où il mourut dans les fonctions de Recteur de l'Académie. Bourdon imita les maîtres de son temps, de manière à les tromper eux-mêmes. Il traita avec un égal mérite l'histoire, le portrait et le paysage, toujours avec ce style noble et ce coloris aérien et transparent qui distinguent ses ouvrages.

18 *Paysage orné de monuments et de ruines antiques.*

Des personnages en costume historique, conduisent un cheval chargé de bagages, des moutons et des chèvres.

Ce tableau est gravé dans l'œuvre de Bourdon.

H. 0,80. — L. 1,11. T. — C. C^t.

19 *Martyre de sainte Agnès.* Esquisse.

H. 0,46. — L. 0,29. T. — C. C^t.

20 *Martyre de saint Jean.* Esquisse.

H. 0,69. — L. 0,47. Ovale. T. — C. U. de S.-B.

De son école :

21 *Un ange indique un passage de l'écriture à sainte Rose de Lima.*

H. 0,27. — L. 0,19. B. — C. C^t.

22 *Portrait de Christine, reine de Suède, à mi-corps.*

H. 0,21. — L. 17 1/2. B. — C. Cl. de F.

23 *Diane délivrant Iphigénie, au moment du sacrifice.*

H. 0,43. — L. 0,33. T. — C. C^t.

BOURGUIGNON (Jacques) : voir **COURTOIS**.

BRASCASSAT (Jacques-Raimond), *peintre vivant, né à Bordeaux, élève de* Théodore Richard, *pour le paysage, membre de l'Institut.*

24 *Lutte de Taureaux.*

Signé : R. BRASCASSAT, 1837.

L'un des combattants pousse dans un fossé son adversaire qui vainement se cramponne au terrain glissant. Plus loin, leur jeune gardien, précédé de son chien, accourt en les menaçant de son bâton.

Lithographié par Bour et Brascassat.

H. 1,48. — L. 1,96. T. — C. U. de S.-B.

25 *Repos d'animaux autour d'un grand chêne.*

Signé : J.-R. BRASCASSAT, 1842.

H. 1,95. — L. 1,70. T. — C. U. de S.-B.

26 *Paysage. Sortie de forêt. Au fond, les Pyrennées.*

Signé : R. BRASCASSAT, 1832.

H. 1,14. — L. 1,46. T. — C. U. de S.-B.

27 *Taureau blanc et autres animaux dans un paysage.*

Signé : R. BRASCASSAT, 1836.

H. 0,89. — L. 0,83. T. — C. U. de S.-B.

28 *Un loup, s'apprêtant à dévorer une brebis, est attaqué par un chien.*

Signé : BRASCASSAT, 1839.

H. 0,33 1/2. — L. 0,41. T. — C. U. de S.-B.

29 *Taureau se frottant contre un arbre.* Etude.

    Signé : R.-B., à Chuvigny, 1834.

 H. 0,57. — L. 0,69. T. — C. U. de S.-B.

30 *Taureau et vache à l'abreuvoir.* Etude.

    Signé : R. Brascassat.

 H. 0,50. — L. 0,66. T. — C. U. de S.-B.

31 *Renards dans leur tanière.* Etude.

    Signé : R. Brascassat, 1837.

 H. 0,50. — L. 0,61. T. — C. U. de S.-B.

32 *Tête de Loup.* Etude.

    Signé : J.-R. B., 1837.

 H. 0,41. — L. 0,46. T. — C. U. de S.-B.

33 *Taureau se frottant contre un arbre.* Réduction de son grand tableau exposé en 1835.

    Signé : J.-R. Brascassat, 1835.

 H. 0,33. — L. 0,41. T. — C. U. de S.-B.

34 *Taureau et autres animaux dans une prairie.*

    Signé : R. Brascassat, 1841.

 H. 0,80. — L. 1 m. T. — Acq. 1840.

35 *Vaches dans un pâturage.*

    Signé : R. Brascassat, 1846.

 H. 0,53. — L. 0,70. B. — C. Cl. de F.

ÉCOLE FRANÇAISE.

BRION (GUSTAVE), *peintre vivant, né à Rothan (Vosges), élève de* Gabriel Guérin.

36 *Récolte des pommes de terre pendant l'inondation.*

Signé : G. BRION, 57.

H. 0,98. — L. 1,32. T. — Acq. 1858.

BRUANDET (LOUIS), *né à   , mort à Paris en* 1803.

Il était peintre de paysage, et il peignait principalement des intérieurs de forêts. Péquinot a gravé plusieurs pièces d'après ses tableaux.

37 *Vue prise dans le bois de Boulogne.*

Deux hommes et une femme écoutent un joueur de vèse, sous un grand chêne.

Les figures sont de François Duval.

Signé : L. BRUANDET.

H. 0,41. — L. 0,57. B. — C. F.

BUCQUET (LÉONCE), *peintre vivant.*

38 *Paysage traversé par une rivière.*

Vue prise aux environs de Rouen.

H. 1 m. — L. 1,64. T. — Acq. 1836.

CABAT (LOUIS), *peintre vivant, né à Paris, élève* de Flers.

39 *Paysage.*

Ferme en Normandie.

Signé : CABAT.

H. 0,35. — L. 0,55. T. — Acq. 1849.

CACAULT (Pierre-René), *né à Nantes en 1744, mort à Clisson en 1810.*

Il était élève de *Vien* et frère de François Cacault, ancien sénateur et ambassadeur de France à Rome.

40 *Un homme assis sur une peau de tigre.*

Figure académique.

H. 1,65. — L. 1,16. T. — Acq. 1811.

CANELLA.

41 *Paysage. Effet de clair de lune.*

Signé : Canella.

H. 0,13. — L. 0,16. T. — C. Cl. de F.

CARESME (Jacques-Philippe).

Il vivait à la fin du siècle dernier, et il fut agréé à l'Académie.

42 *Sainte Famille.*

Miniature à l'huile, d'après...

H. 0,25. — L. 0,16. C. — C. F.

43 *Jupiter et Anthiope.*

Miniature à l'huile, d'après le tableau du Corrège.

H. 0,27. — L. 0,21. B. — C. F.

CASANOVA (François), *né à Londres en 1730, mort à Brühl, près de Vienne, en 1805.*

Il se rendit très-jeune à Venise, d'où sa famille

était originaire, et y reçut une éducation distinguée. Il eut successivement pour maîtres Guardi et Simonelli, et profita des conseils de Dieterich qu'il rencontra à Dresde. A son arrivée à Paris, il exposa un tableau de bataille qui lui acquit une grande réputation et lui valut de nombreuses commandes chèrement payées. Leur produit ne put cependant suffire à ses prodigalités. Il profita d'une offre de l'impératrice de Russie pour quitter la France, et échapper ainsi à ses nombreux créanciers. Il se fixa enfin à Vienne où il mourut. Casanova a gravé plusieurs planches à l'eau forte.

44 *Cavaliers turcs en marche vers une ville.*

H. 0,325. — L. 0,22. C. — C. C*t*.

45 *Combat de cavaliers chrétiens et turcs.*

Pendant du précédent.

CATRUFO (PIERRE), *né à Genève (Suisse), mort à Paris en* 1854.

46 *Vue de Paris, prise du pont de la Concorde, en amont du fleuve.*

Signé : P. CATRUFO.

H. 1,28. — L. 1,63. T. — G*t*. 1854.

CHANCOURTOIS (LOUIS), *né à Nantes, mort à Paris au commencement du siècle.*

Il était élève de *C. Peyre.*

47 *Paysage historique, animé par des baigneuses.*

H. 0,16. — L. 0,19. T. — C. F.

CHAPERON (Nicolas), *né à Châteaudun, vivait vers le milieu du XVIIe siècle.*

Il était élève de *Vouet*; il alla ensuite en Italie, où il fit un long séjour. Il a gravé, en 52 planches, les loges du Vatican, d'après Raphaël.

48 *Grand paysage.*

Bacchus, appuyé sur un autel, regarde danser des nymphes.

Ce tableau a été gravé, en partie, par l'auteur.

Signé : N. P.

H. 1,72. — L. 2 m. T. — C. C^t.

CHARDIN fils, *né à Paris.*

Il obtint, en 1754, le grand prix de peinture, et fut envoyé à Rome comme pensionnaire du roi. Il mourut peu après son retour à Paris.

49 *Intérieur italien.*

Une femme, vêtue de noir, tend les bras à un enfant, que la frayeur fait serrer contre sa mère.

H. 0,38. — L. 0,33. T. — C. C^t.

COIGNARD (Louis), *peintre vivant, né à Mayenne (Mayenne), élève de* Picot.

50 *Paysage après le soleil couché.*

Un troupeau de vaches se rend à l'abreuvoir.

Signé : L. Coignard.

H. 0,60. — L. 1,15. T. — Acq. 1848.

ÉCOLE FRANÇAISE.

COLSON (GUILLAUME-FRANÇOIS), *artiste vivant, né à Paris en* 1785, *élève de* David.

51 *Agamemnon méprisant les sinistres prédictions de Cassandre.*

Pendant qu'Agamemnon commandait les Grecs au siége de Troie, Egisthe, son neveu, séduisit son épouse Clytemnestre, et entretint avec elle de coupables liaisons. Après la prise de Troie, Agamemnon revint dans ses états avec Cassandre, fille de Priam, qui lui était échue en partage. Celle-ci avait le don de prophétie, et lui prédit que Clytemnestre devait le faire assassiner par Egisthe. Cette prophétie de Cassandre eut le sort de toutes les autres; Agamemnon n'y crut pas, et fut assassiné la nuit suivante, ainsi que Cassandre.

H. 3,33. — L. 4,33. T. — G^t. 1825.

COROT (JEAN-BAPTISTE-CAMILLE), *peintre vivant, né à Paris, élève de* Victor Bertin.

52 *Paysage, soleil couchant après la pluie.*

Signé : COROT.

H. 0,42 — L. 0,32. B. — Acq. 1858.

53 *Démocrite. Paysage avec figures.*

H. 1,63. — L. 1,31. T. — Acq. 1858.

COURTOIS (JACQUES), dit LE BOURGUIGNON, *né à Saint-Hippolyte en* 1621, *mort à Rome en* 1676.

Jean *Courtois*, son père, fut son premier maître;

puis, à l'âge de 15 ans, il se rendit en Italie, où, pendant 3 années, il suivit les armées, gravant dans son esprit les siéges et les batailles, dont les représentations devaient l'illustrer un jour. Il se lia d'amitié avec Le Guide, l'Albane, Piétre de Crotone, le Banboche et autres, qui l'aidèrent de leurs conseils. Mais son génie le portait de préférence à tracer le choc des escadrons, l'élan rapide des chevaux. Son style mâle et son coloris plein de feu faisaient encore ressortir l'horreur d'une mêlée. Son dessin est léger et spirituel, sa couleur vigoureuse, empâtée et transparente tout à la fois. BOURGUIGNON, ayant été accusé d'avoir empoisonné sa femme, se retira dans un couvent de Jésuites, dont il prit l'habit, pour se soustraire aux poursuites de ses ennemis. Il orna, dit-on, cette maison de plusieurs peintures remarquables, et il y mourut à l'âge de 55 ans. Beaucoup de ses tableaux sont signés en italien : *Giacomo Cortese*. On ne lui connaît d'élève que Joseph Parrocel.

54 *Champ de bataille après le combat.*

H. 0,41. — L. 0,67,5. T. — C. C^t.

COYPEL (CHARLES-ANTOINE), *né à Paris en 1694, mort en 1752.*

Il était fils et élève d'*Antoine Coypel* qui lui fit de bonne heure étudier et copier les grands maîtres. Elu académicien en 1715, il occupa successivement tous les grades de l'Académie. Il fut premier peintre du duc d'Orléans, peintre du roi et garde des dessins et tableaux de la couronne. Il cultiva aussi la poésie, et composa des tragédies et des comédies qui eurent du succès, mais qu'il ne fit point imprimer. La plupart de ses tableaux se ressentent dans leur agencement de son goût pour le théâtre. Ses talents divers et ses qualités personnelles le firent aimer et rechercher par tous les hommes distingués de son époque, et contribuèrent à ses succès. Quoique cité comme peintre d'histoire, Coypel fut bien supérieur dans ses tableaux de genre, remplis de finesse et d'expression.

55 *Saint Louis à genoux devant la Sainte-Couronne.*

Signé : C. Coypel, 1745.

H. 1,51. — L. 0,81. T. — G^t. 1804.

D'ANTHOINE (Louis), *peintre vivant.*

56 *La confession du Giaour.*

Tableau offert au Musée de Nantes, par les soins de M. Dupré de la Roussière.

H. 1,28. — L. 1,65. T. — 1843.

DAUBIGNY (Charles-François), *peintre vivant, né à Paris, élève de* Paul Delaroche.

57 *Vue prise sur les bords de la Seine.*

Signé : Daubigny, 1851.

H. 0,70. — L. 1,05. T. — G^t. 1852.

DAVID (Jacques-Louis), *né à Paris en* 1748, *mort à Bruxelles en* 1825.

Il manifesta de bonne heure de grandes dispositions pour la peinture, et, d'après le conseil de Boucher son parent, il entra dans l'atelier de Vien. Deux ans après, il mérita le 1er prix de Rome, mais son maître, contrarié de ce qu'il avait concouru sans le consulter fit modifier le jugement de ses collègues, et David n'eut que le second prix. Ce ne fut qu'après deux autres concours infructueux qu'il obtint enfin cette récompense, objet de tant d'efforts. En 1775, il partit avec Vien, qui venait d'être nommé directeur de l'Ecole de Rome. Il s'adonna avec ardeur à l'étude de l'antique, dessina beaucoup et peignit quelques tableaux. De retour à Paris, il fut reçu à l'Académie française, et peu de temps après, il retourna en Italie où il exécuta, pour le roi qui l'avait nommé son premier peintre, le tableau des Horaces. En 1790, David vint à Nantes sur une invitation spéciale des magistrats de la commune, pour y exécuter le portrait de Kervégan, maire de Nantes. La réception fut brillante et son séjour devint une suite continuelle de fêtes. Il ébaucha le portrait de Kervégan, termina la figure, et l'emporta à Paris pour achever les accessoires. On ignore ce qu'est devenu cette peinture. Bientôt après, entraîné par le mouvement révolutionnaire, David abandonna presque son art pour la politique, jusqu'en 1795 où il reprit sérieusement ses pinceaux. A la création de l'Institut, il en fut nommé membre; il y connut le général Bonaparte qui, devenu empereur, le choisit pour son 1er peintre. En 1816, une loi de proscription obligea David à quitter la France, et il se fixa à Bruxelles où il mourut à 77 ans.

58 *Mort de Cléonice.* Esquisse.

H. 0,28. — L. 0,37. Papier.

Donné par M. C. Verger. 1859.

DE BAY (Auguste-Hyacinthe), *peintre vivant, né à Nantes en 1804, élève de* Gros.

59 *Episode de 1793, à Nantes, sur la place du Bouffay.*

Signé : Ate De Bay, 1838.

H. 2,53. — L. 1,80. T. — Gt. 1851.

DELACROIX (Eugène), *peintre vivant, né à Charenton-Saint-Maurice (Seine), élève de* Guérin.

60 *Chef arabe acceptant l'hospitalité que lui offrent des pasteurs.*

H. 1 m. — L. 1,25. T. — Acq. 1839.

DELAROCHE (Paul), *né à Paris en 1797, mort en 1856, élève de Gros, membre de l'Institut.*

61 *Enfance de Pic de la Mirandole.*

La jeune mère tient un manuscrit dont elle montre les caractères à son fils. Celui-ci, assis sur son berceau, dans une charmante attitude enfantine et méditative tout à la fois, semble dévorer des yeux le manuscrit.

Pic (Jean), prince de la Mirandole et de Concordia, en Italie, naquit en 1463, d'une maison illustre et souveraine. C'était un prodige d'érudition précoce. Dès son enfance, on le compta parmi les orateurs de l'époque, et l'on prétend qu'à 18 ans il savait 22 langues. Sa passion d'apprendre était si grande qu'il renonça à la souveraineté et à une partie de ses biens patrimoniaux, pour se renfermer dans un de ses châteaux et se livrer entièrement à l'étude. Il mourut à Florence en 1494, à l'âge de 31 ans.

Ce tableau, peint pour le comte Alph. de Feltre, a été gravé par M. *François (Jules).*

Signé : Paul DELAROCHE, 1842.

H. 1,05. — L. 0,77. — C. Cl. de F.

62 *Jeune fille à la balançoire.*

Une jeune fille se balance assise sur une écharpe suspendue à deux branches d'arbre, dans un bois. Sa figure exprime les douces émotions de son âge, accompagnées d'un commencement de rêverie. Le paysage ombragé est baigné de quelques eaux transparentes qui se fraient un passage à travers les bois et les gazons fleuris.

Signé : Paul DELAROCHE, 1845.

H. 0,69. — L. 0,52. Ovale. B. — C. Cl. de F.

Ce tableau a été peint pour le duc de Feltre.

63 *Première pensée de l'hémicycle du Palais des Beaux-Arts, à Paris.* Esquisse.

Signé : A son ami Alph. de Feltre,

Paul DELAROCHE, 1836.

H. 0,34. — L. 2,11. Papier entoilé. — C. Cl. de F.

Ce tableau représente une distribution idéale de prix faite aux artistes modernes, au milieu d'un congrès des grands maîtres, depuis le siècle de Périclès jusqu'à celui de Louis XIV. Le peintre Apelles ayant à sa droite l'architecte Ictinius, et à sa gauche le statuaire Phidias, préside silencieusement cette nombreuse assemblée. Quatre figures allégoriques, l'art grec, l'art romain, l'art au moyen âge et l'art à la renaissance, occupent les degrés du tribunal. A gauche du spectateur, du côté d'Ictinius, on voit les sculpteurs, et après eux les peintres qui tiennent de plus ou moins près à l'école réaliste. A la droite, au dessous de Phydias, sont les architectes célèbres et, enfin, les peintres idéalistes.

Au palais des Beaux-Arts, il existe, au centre de la composition, une figure qui en fait comprendre de suite le sujet ; c'est une femme à genoux ayant près d'elle un monceau de couronnes qu'elle lance hors du tableau vers les assistants.

64 *L'art gothique*, étude pour l'hémicycle.

Signé : Paul DELAROCHE.

H. 0,53. — L. 0,34. T. — C. Cl. de F.

65 *La renaissance,* étude pour l'hémicycle.

                Signé : Paul DELAROCHE.

H. 0,53. — L. 0,34. T. — C. Cl. de F.

66 *Tête de Léonard de Vinci,* étude pour l'hémicycle.

                Signé : A son ami Alph. de Feltre,

                Paul DELAROCHE. Décembre 1841.

H. 0,19. — L. 0,16. T. — C. Cl. de F.

67 *Tête de moine camaldule.*

                Signé : Paul DELAROCHE, 1834.

H. 0,23. — L. 0,19. Carton. — C. Cl. de F.

68 *Tête de moine camaldule.*

                Signé : Paul DELAROCHE.

H. 0,23. — L. 0,19. Carton. — C. Cl. de F.

69 *Deux têtes de moines camaldules.*

                Signé : Paul DELAROCHE.

H. 0,23. — L. 0,31. Carton. — C. Cl. de F.

70 *Deux têtes de moines camaldules.*

                Signé : Paul DELAROCHE.

H. 0,23. — L. 0,31. Carton. — C. Cl. de F.

71 *Un apôtre,* en buste.

                Signé : A son ami le duc de Feltre,

                Paul DELAROCHE. Rome, 1835.

H. 0,46. — L. 0,49. T. — C. Cl. de F.

Ces cinq études ont été faites d'après nature, en Italie, dans la prévision des peintures de l'église de la Madeleine, dont Delaroche avait dû être chargé.

72 *Première pensée du Mazarin mourant*, esquisse.

                Signé : Paul DELAROCHE.

H. 0,14. — L. 0,23. Papier. — C. Cl. de F.

73 *Portrait du comte Alphonse de Feltre*, frère du donateur.

Dessin aux trois crayons.

            Signé : A son ami Alph. de Feltre,

                  Paul DELAROCHE.

Ce portrait a été gravé par M. *François (Jules)*.

        C. Cl. de F.

DELAROCHE (JULES-HIPPOLYTE), *né à Paris en 1795, mort   , frère aîné de Paul Delaroche, élève de* David *et de* Gros.

74 *Paysage. Chemin passant devant une chaumière.*

75 *Paysage. Entrée d'un bois.* Pendant du précédent.

H. 0,17. — L. 0,24. B. — C. C. de F.

DELESTRE (JEAN-BAPTISTE), *peintre vivant, élève de* Gros.

76 *Une famille surprise par une éruption de volcan.*

H. 2,58. — L. 1,95. T. — G^t 1838.

DESTOUCHES (Paul-Emile), *peintre vivant, né à Dampierre (Seine-Inférieure), en 1794, élève de* David, Guérin et Gros.

77 *Le départ pour la ville.*

Au moment de monter dans la barque qui doit l'éloigner des lieux de sa naissance, une jeune paysanne reçoit la bénédiction de son père et les adieux de sa famille affligée.

Signé : P.-E. Destouches.

Gravé à l'aqua-tinta par Jazet père.

H. 1,14. — L. 1,46. T. — C. U. de S.-B.

78 *L'attente du bal masqué.*

Signé : P.-E. Destouches.

H. 0,73. — L. 0,60. T. — C. U. de S.-B.

DIAZ (Narcisse), *peintre vivant, né à Bordeaux, de parents espagnols, en* 1808, *élève de* Sigalon.

79 *Déroute de cavaliers turcs,* esquisse.

Signé : Diaz.

H. 0,25. — L. 0,34. T. — C. Cl. de F.

DOYEN (Gabriel-François), *né à Paris en 1726, mort à Saint-Pétersbourg en* 1806.

Il fut élève de *Carle Van Loo*, et obtint le grand prix de Rome. Après avoir séjourné dans cette ville, il visita l'Italie, copiant ou étudiant partout les ouvrages des grands maîtres. De retour à Paris, il exécuta divers tableaux qui lui valurent une grande réputation, et le firent admettre à l'Académie. Enfin, il se rendit en Russie où l'accueil flatteur et les avantages que lui fit Catherine II le fixèrent définitivement.

80 *Tête d'étude.*

H. 0,50. — L. 0,30. B. — C. C*t*.

DUBUFE (Claude-Marie), *peintre vivant, né à Paris en 1795, élève de* David.

81 *Portrait de la maréchale, duchesse de Feltre, mère du donateur.*

Signé : Dubufe.

H. 1,30. — L. 0,98. T. — C. Cl. de F.

DUVAL (Eustache-François), *né à Paris en   , mort en   , élève de* Hue *et de* Brenet.

Il a fait les figures d'un grand nombre de tableaux des paysagistes de son époque.

82 *Paysanne faisant des crêpes.*

Signé : F. Duval, 1831.

H. 0,21 1/2. — L. 0,16. T. — C. Cl. de F.

FABRE (François-Xavier), *né à Montpellier en 1766, mort en 1837.*

Il fut élève de *Jean Coustou* et de *David*, et remporta le grand prix de peinture en 1787. Il se rendit à Rome comme pensionnaire du roi, et fut chargé en 1793, par l'ambassadeur de France, de conduire ses camarades à Naples, pour les soustraire à la fureur populaire. Il alla ensuite se fixer à Florence où, après de nombreuses études, il fut nommé professeur à l'Académie. Il se lia avec le poète Alfieri, puis avec la comtesse Albani qui l'institua, en mourant, son légataire universel. En 1826, il revint habiter Montpellier, et y fonda un musée et une bibliothèque publique, avec les belles collections qu'il avait formées en Italie. La ville reconnaissante donna le nom du fondateur à ces établissements.

83 *Portrait du maréchal, duc de Feltre, en costume de ministre de l'empire.*

Ce portrait, exposé au salon de 1810, a été gravé par Raphaël-Urbain Massard. La gravure porte la mention suivante : « D'après » le tableau peint par Fabre, pour la galerie » de Compiègne, par ordre de Sa Majesté » l'Empereur. » Ce tableau a fait retour à la famille, en 1815.

Signé : F.-Xavier FABRE, 1810.

H. 2,17. — L. 1,44. T. — C. Cl. de F.

FLANDRIN (HIPPOLYTE), *peintre vivant, membre de l'Institut, né à Lyon en 1809, élève de Ingres.*

84 *La rêverie.*

Une jeune fille, à peine vêtue, appuie sa tête sur sa main droite, et, de la gauche, presse des fleurs sur son sein. Son visage est empreint d'une grande tristesse.

Signé : Hippolyte FLANDRIN.

H. 0,61. — L. 0,51. — Fig. à mi-corps. T. — C. Cl. de F.

85 *Tête d'étude de jeune fille.*

Elle est enveloppée d'une draperie blanche, et baisse les yeux avec une modestie qui n'est pas exempte de coquetterie.

Signé : Hippolyte FLANDRIN, 1840.

H. 0,61.— L. 0,51. — Fig. à mi-corps. T. — C. Cl. de F.

FLANDRIN (PAUL), *peintre vivant, frère du précédent, né à Lyon en 1811, élève de* Ingres.

86 *Portraits, sur la même toile, de MM. Hippolyte et Paul Flandrin.*

Hippolyte est vu de face, et tient un album à la main.

Signé : Paul FLANDRIN, 1842.

H. 0,38.— L. 0,30. — Fig. à mi-corps. T. — C. Cl. de F.

87 *Portrait du duc de Feltre.*

Dessin à la mine de plomb, fait en quelques heures, deux mois avant la mort du donateur.

Signé : Paul FLANDRIN, 11 janvier 1852.

C. Cl. de F.

88 *Vue d'un golfe de la Méditerranée.* Etude.

Signé : Paul FLANDRIN, 1851.

H. 0,20.— L. 0,29 1/2. Papier. — C. Cl. de F.

FLEURY (Léon), *né à Paris en 1804, mort en 1858, élève de* Victor Bertin *et de* Hersent.

89 *Paysage.*

Signé : L. Fleury.

H. 0,32. — L. 0,40. T. — C. U. de S.-B.

FONTENAY (Alexis de), *peintre vivant, né à Paris, élève de* Watelet *et* Hersent.

90 *La ferme et le château, vue prise dans le département du Cher.*

H. 0,70. — L. 1,04. T.

Donné au Musée par l'auteur. 1858.

FORTIN (Charles), *peintre vivant, né à Paris, élève de* Beaume *et de* Roqueplan.

91 *Intérieur breton.*

Signé : C. Fortin, 1853.

H. 0,65. — L. 0,50. T. — Acq. 1853.

FRAGONARD (Jean-Honoré), *né à Grasse, en Provence, en* 1732, *mort à Paris en* 1806.

Il fut le dernier élève de *Boucher*. En 1752, il obtint le grand prix de peinture, et, en 1765, il fut agréé à l'Académie comme peintre d'histoire. Mais son goût l'entraîna bientôt vers un genre moins sérieux, pour lequel il s'inspira de l'Arioste, Boccace et Lafontaine. Il y obtint un prodigieux succès.

On lui attribue :

92 *Portrait d'un jeune garçon,* esquisse.

H. 0,36. — L. 0,25. T. — C. C^t.

FROMENTIN (Eugène), *peintre vivant, né à la Rochelle (Charente-Inférieure), élève de Cabat.*

93 *Chasse à la gazelle dans le Bodna (Algérie).*

H. 0,97. — L. 1,95. T. — G¹ 1857.

GARNERAY (Ambroise-Louis), *né à Paris en 1787, mort en 1857.*

94 *Combat de l'Armide, frégate de 44 canons, commandée par le capitaine de vaisseau Hugon.*

Episode de la bataille de Navarin.

Signé : L. Garneray.

H. 1,25. — L. 1,84. T. — G¹ 1853.

GAUTIER, *peintre du XVIII⁰ siècle.*

95 *Marine.*

Vue du port de Gênes au lever du soleil, par un temps de brouillard.

H. 0,40. — L. 0,57. B. — C. F.

GÉRICAULT (Jean-Louis-André-Théodore), *né à Rouen en 1791, mort à Paris en 1824.*

Il était fils d'un avocat de Rouen, et en arrivant à Paris, en 1806, il entra dans l'atelier de Carle

Vernet, qu'il quitta bientôt pour passer dans celui de Guérin; mais il copiait et étudiait par-dessus tout, au Musée, les tableaux de Rubens. Guérin, étonné et augurant mal des préoccupations de coloriste de son élève, lui conseilla d'abandonner la peinture; il ne put toutefois le décourager. Son père étant contraire à ses goûts d'artiste, Géricault n'avait pas même d'atelier à lui. Il peignait tantôt chez M. Dorcy, tantôt chez d'autres camarades. En 1814, il abandonna tout à coup la peinture pour s'enrôler dans les mousquetaires. Il s'en repentit bientôt; mais, fidèle à son engagement, il ne quitta son corps qu'au licenciement, aux Cent-Jours. Il reprit alors ses pinceaux, étudia les chevaux d'une manière toute spéciale, et, passionné pour les tableaux de Gros, il paya mille francs le droit de copier le combat de Nazareth (n° 103 de notre Musée) : cette copie est au Musée d'Avignon. En 1817, il partit pour l'Italie, où il étudia et copia les grands maîtres. De retour en France, Géricault exécuta *le Radeau de la Méduse* qui fonda sa réputation, malgré le peu de succès que ce chef-d'œuvre obtint au Salon. Il se rendit ensuite en Angleterre où son tableau exposé fut mieux apprécié. Là, il étudia les chevaux avec plus de soin qu'il ne l'avait encore fait, et dessina des lithographies fort rares aujourd'hui. A son retour, il exécuta un grand nombre d'aquarelles, d'études peintes, de lithographies et de tableaux de chevalet. Il modela aussi plusieurs figures et entre autres un cheval écorché que tous les mouleurs ont reproduit. Il se disposait à peindre de grandes compositions, fruits de ses longues méditations, lorsqu'une indisposition, qu'il avait négligée, prit tout à coup un caractère mortel et l'enleva aux arts après une longue et douloureuse maladie.

96 *Officier de chasseurs à cheval de la garde impériale.* (Portrait équestre de M. Dieudonné, lieutenant des guides de l'Empereur.)

Etude du tableau de la galerie d'Orléans, actuellement au Louvre.

H. 0,45. — L. 0,37. T. — O. U. de S.-B.

Le tableau fut exposé en 1812 et obtint une médaille d'or. Cette œuvre magistrale d'un artiste de 20 ans, en opposition avec les traditions alors en règne, produisit un prodigieux étonnement parmi les peintres de cette époque. « D'où cela sort-il? s'écria David, je ne reconnais pas cette touche. »

GEROME (Jean-Léon), *peintre vivant, né à Vesoul (Haute-Saône), élève de* Paul Delaroche.

97 *Tête d'étude.*

Signé : J.-L. Gérôme. 1853.

Diamètre : 0,48. T. Rond. — Acq. 1854.

98 *Vue de la plaine de Thèbes (Haute-Egypte).*

Signé : J.-L. Gérôme, mdccclvii.

H. 0,76. — L. 1,30. T. — Acq. 1858.

GIRAUD (François-Eugène), *peintre vivant, né à Paris en 1806, élève de* Hersent *et de* Richomme.

Il obtint, en 1826, le 1er grand prix de gravure.

99 *Enrôlements volontaires au XVIIIe siècle.*

H. 1,33. — L. 1,65. T. — Acq. 1835.

GRENIER (Francisque), *peintre vivant.*

100 *Petits paysans surpris par un loup.*

Signé : F. Grenier, 1833.

Gravé à l'aqua-tinta par Jazet père.

H. 0,97. — L. 1,23. T. — C. U. de S.-B.

GREUZE (JEAN-BAPTISTE), *né à Tournus, en Bourgogne, en 1725, mort à Paris en 1805.*

Greuze apprit les premiers éléments de peinture d'un artiste de Lyon nommé *Gromdon;* puis il suivit à Paris les cours de l'Académie. En réalité, il n'eut d'autre maître que la nature et son génie, car il n'a rien emprunté de personne. Le talent qu'il montra dans son premier tableau parut si fort au-dessus de son âge qu'on douta qu'il en fût l'auteur, mais les ouvrages qui suivirent dissipèrent les soupçons et fondèrent sa réputation. En 1755, il fut agréé à l'Académie et il partit ensuite pour l'Italie. Ce voyage faillit lui être préjudiciable en altérant son originalité qu'il ne parvint à recouvrer, après son retour, qu'avec des efforts soutenus. Obligé d'exécuter, comme agréé, son tableau de réception à l'Académie, il peignit *l'Empereur Sévère reprochant à son fils Caracalla d'avoir voulu l'assassiner.* En essayant de traiter l'histoire, Greuze faisait violence à son genre de talent, aussi resta-t-il au-dessous de sa tâche, et il ne fut reçu académicien que comme peintre de genre. Il réclama, et n'ayant pu obtenir satisfaction, il se sépara de l'Académie et n'exposa plus ses tableaux que chez lui. Après avoir acquis une grande fortune, il fut, à 75 ans, ruiné par des faillites, et finit par mourir indigent. Il eut pour élèves Mlle Ledoux et sa nièce Caroline.

101 *Portrait du comte de Saint-Morys enfant.*

Il était officier des gardes-du-corps sous la Restauration, et il fut tué dans un duel politique qui eut alors un grand retentissement.

H. 0,65. — L. 0,54. B. — C. Cl. de F.

102 *Portrait de M. de Saint-Morys, père du précédent, en costume de membre du Parlement de Paris.*

H. 0,65. — L. 0,54. B. — C. Cl. de F.

Ces deux portraits ont passé directement des mains de la famille de Saint-Morys dans celles du comte Alph. de Feltre.

GROS (ANTOINE-JEAN, BARON), *né à Paris en 1771, mort à Meudon en 1835.*

Son père, Jean-Antoine Gros, était peintre en miniature. Comme la plupart des grands artistes, Gros manifesta dès l'enfance de remarquables dispositions. Ses livres classiques, couverts de croquis, faisaient déjà pressentir la fermeté de sa main et la richesse de son imagination. A quinze ans il entra à l'école de David, et ses progrès furent si rapides que de bonne heure il put marcher sans maître. Les premières scènes de la révolution le déterminèrent à partir pour l'Italie. Il arriva à Gênes et à Florence, vivant du produit de quelques portraits en miniature à l'huile qu'il exécutait d'une manière remarquable. A Gênes, il connut Mme Bonaparte (Joséphine) qui l'emmena avec elle à Milan et le présenta à Napoléon dont il fit le portrait. Il le représenta portant le drapeau tricolore et traversant le pont d'Arcole à la tête de ses grenadiers. Napoléon satisfait de cette peinture, la fit graver à ses frais par Longhi et donna la planche à l'artiste. Il l'adjoignit en outre à la commission chargée de recueillir les objets d'art cédés à la France par le traité de Tolentino, et l'attacha à l'armée avec le titre d'inspecteur aux revues. Après le départ de Napoléon pour l'Egypte, Gros partagea les revers de l'armée d'Italie, faillit mourir de faim à Gênes et arriva à grand'peine à Marseille, où les soins d'un ami le rappelèrent à la vie. Enfin, après 9 ans d'absence, en 1801, il arriva à Paris. A cette époque, un arrêté des consuls ordonna l'exécution d'un tableau commémoratif du combat de Nazareth. Un concours fut ouvert, et vingt compétiteurs se présentèrent. L'esquisse de Gros (*celle que possède maintenant notre Musée*), pleine de verve et éblouissante de couleur, obtint la préférence à l'unanimité; mais le tableau qui devait avoir 16 mètres, ne fut pas exécuté. Après ce premier succès, Gros fit paraître *la Peste de Jaffa*, *la Bataille d'Aboukir*, *la Bataille d'Eylau*, celle *des Pyramides*, l'esquisse de la *Bataille de Wagram*, etc., etc. En 1812, il commença les travaux de la coupole de Sainte-Geneviève qui, après avoir subi plusieurs transformations par suite des événements politiques, ne fut terminée qu'en 1824. Cette œuvre colossale obtint un grand succès et valut à son auteur le titre de baron. D'autres ouvrages suivirent celui-ci. Nous citerons entre autres plusieurs plafonds du Louvre, des portraits et quelques tableaux dans lesquels on put voir que le talent de Gros subissait l'inflexible loi de la nature. La critique en le lui faisant sentir avec trop peu d'égards, influa sur sa fin prématurée; il ne put se faire à l'idée de se survivre à lui-même, et, le 26 juin 1835, près de Meudon, on retirait son cadavre d'un petit bras de la Seine où il avait cherché la mort.

103 *Combat de Nazareth.*

Le 19 germinal an VII, le général Junot, à la tête de cinq cents hommes, mit en déroute six mille Turcs, leur prit cinq drapeaux et couvrit de morts le champ de bataille.

Signé : GROS, an IX.

Gravé à l'aqua-tinta par Jazet père.

H. 1,35. — L. 1,95. — C. U. de S.-B.

GUDIN (THÉODORE), *peintre vivant, né à Paris en 1804, élève de Girodet.*

104 *Paysage.*

Bords d'une rivière au soleil couchant. (Étude.)

Signé : T. GUDIN.

H. 0,27. — L. 0,41. T. — C. Cl. de F.

HELMSDORF, *de Strasbourg.*

105 *Vue des ruines du Herrnstein et d'une partie du faubourg de Neuviller (Bas-Rhin),* esquisse.

H. 0,12. — L. 0,10 1/2. Papier. — C. Cl. de F.

HESSE (Alexandre), *peintre vivant, né à Paris en 1806, élève de* son père *et* de Gros.

106 *Jeune fille portant des fruits dans un plateau d'argent.*

Signé : Alex. Hesse, 1838.

H. 0,92. — L. 0,70. T. Fig. à mi-corps. — C. Cl. de F.

107 *Moissonneuse.*

Sa main droite est armée d'une faucille. Son regard exprime une profonde mélancolie.

Signé : A. Hesse, 1837.

H. 1 m. — L. 0,82. — T. Fig. à mi-corps. — C. Cl. de F.

108 *Concert vénitien.*

Esquisse donnée par l'auteur au duc de Feltre.

Signé : Alex. Hesse.

H. 0,29. — L. 0,41. B. — C. Cl. de F.

109 *Portrait du duc de Feltre, peu de temps avant sa mort.*

Dessin au crayon rouge.

Signé : Alex. HESSE, 18 février 1852.

C. Cl. de F.

HUE (J.-F.), *né à Saint-Arnoult en Yvelines (Siene-et-Oise), mort vers 1823, élève de* Joseph Vernet.

110 *Vue d'une cascade sous une voûte de rochers.*

Signé : HUE.

H. 0,35. — L. 0,43. T. — C. F.

HUET (C.), *vivait à Paris dans le siècle dernier.*

Il était probablement père de *Jean-Baptiste Huet*, peintre d'animaux, mentionné ci-après.

111 *Un chien en arrêt sur des perdrix.*

Signé : C. HUET, 1740.

H. 0,62. — L. 0,68. T. — C. F.

HUET (JEAN-BAPTISTE), *né à Paris en 1745, mort en 1811.*

Son père était peintre des armoiries de la cour, et son premier maître fut *Dagommer*, artiste de talent.

Il prit ensuite des conseils de *Boucher* et de *Leprince*, de sorte qu'il apprit à peindre la figure, le paysage et le genre, que l'on retrouve dans ses tableaux mêlés à son sujet favori, les animaux. Il fut reçu à l'Académie, en 1769, comme peintre d'animaux. Ses peintures et surtout ses dessins et ses piquantes eaux fortes le placèrent parmi les artistes le plus en vogue. Il a beaucoup peint à la gouache et en détrempe, et a fourni un grand nombre de dessins à la manufacture d'indiennes de Jouy. Il eut pour élèves ses trois fils, Villiers, miniaturiste habile, Nicolas, peintre d'histoire naturelle, et Jean-Baptiste, graveur.

112 *Bestiaux au pâturage.*

113 *Chevaux et moutons dans un pâturage.*

Pendant du précédent.

Signé : J.-B. HUET, 1783.

H. 0,13. — L. 0,18. C. — G. Cl. de F.

INGRES (JEAN-AUGUSTE-DOMINIQUE), *peintre vivant, né à Paris en 1781, élève de David, membre de l'Institut.*

114 *Portrait de femme vêtue en velours rouge.*

(Epoque de l'Empire.)

Signé sur une carte de visite accrochée à la glace :   ING. Roma.

H. 1,05. — L. 0,85. T. — Acq. 1853.

JACQUAND (Claudius), *peintre vivant, né à Lyon, élève de* Fleury-Richard.

115 *Un cardinal vient chercher Ribera dans son atelier à Naples.*

Signé : C. Jacquand. 1839.

H. 0,46. — L. 0,62. T. — C. Cl. de F.

116 *Marie de Médicis visitant l'atelier de Rubens.*

Signé : C. Jacquand. 1839.

H. 0,46. — L. 0,62. T. — C. Cl. de F.

KOEKKOEK (B.-C.), *peintre vivant.* (Ecole flamande.)

On lui attribue :

117 *Paysage.*

Effet d'hiver.

Signé : B.-C. Koekkoek.

H. 0,39. — L. 0,51. B. — C. Cl. de F.

LACROIX (Gaspard), *peintre vivant, né à Turin, élève de* Corot.

118 *Pêcheurs catalans.*

H. 0,70. — L. 1 m. T. — Acq. 1845.

LAFOSSE (Charles de), *né à Paris en 1636, mort en 1716.*

Il était neveu du poète tragique, et fut élève de *Charles Lebrun.* A l'âge de 22 ans, il se rendit à

Rome où il étudia l'antique et les peintures de Raphaël; puis ayant obtenu une pension du roi pour continuer ses études en Italie, il alla à Venise s'inspirer des grands coloristes. Revenu en France, il fut reçu à l'Académie et il en occupa successivement tous les grades. En 1689, il partit pour Londres, sur l'invitation de lord Montaigu qui l'engagea à venir peindre son palais. Georges III lui proposa pareillement de décorer Hampton-Court, mais sa promesse de revenir promptement en France l'empêcha d'accepter cette flatteuse proposition. A son retour, il peignit à fresque le dôme des Invalides et les quatre angles qui le soutiennent, la voûte de la chapelle de Versailles, et exécuta quantité d'autres travaux importants qui furent très-appréciés de ses contemporains.

119 *Déification d'Enée.*

H. 1,81. — L. 1,60. T. — G^t. 1809.

120 *Vénus demandant des armes à Vulcain.*

Pendant du précédent.

121 *Jupiter, sous les traits de Diane, séduisant Calisto.*

H. 0,78. — L. 0,62. T. — C. C^t.

LA HIRE ou HYRE (Laurent de), *né à Paris en 1606, mort en 1656.*

Il fut d'abord élève de son père, puis il entra dans l'école de *Vouet*. Doué d'une extrême facilité, il se fit une manière expéditive, originale et sage tout à la fois, qui lui valut la protection de Richelieu et du chevalier Séguier. Il fut, en 1648, un des douze fondateurs de l'Académie royale de peinture et de sculpture. Le Gouvernement l'employa à faire des modèles de tapisseries, dans lesquelles il donna l'essor à sa féconde imagination.

122 *Sainte famille se reposant sur des ruines.*

Ce tableau a été gravé.

Signé : L. LA HIRE, in et f. 1641.

H. 2,50. — L. 1,66. T. — G*t*. 1809.

123 *Repos de la Sainte famille, près d'une fontaine.*

H. 0,46. — L. 0,35. T. — C. C*t*.

124 *Le dimanche des Rameaux.*

H. 3,16. — L. 2 m. T. — C. C*t*.

LANCRET (NICOLAS), *né à Paris en* 1690, *mort en* 1745.

Après avoir étudié successivement sous *Pierre d'Ulim* et *Gillot*, il se lia avec *Watteau*, et s'appliqua à imiter sa manière. Il fut élu académicien en 1719, sous le titre de *peintre de fêtes galantes;* et, en 1735, il obtint une charge de conseiller. Il a peint longtemps en société avec Lajoue, qui faisait les fonds de ses tableaux. Les peintures de Lancret se distinguent par beaucoup d'élégance et de vivacité; à défaut de naturel, elles offrent une fiction agréable et riante qui résume toutes les fantaisies galantes du siècle dernier.

125 *Bal costumé.*

Dans un salon occupé par une société travestie, un cavalier et une dame dansent au son de la vielle et du violon.

H. 0,66. — L. 0,81. T. — C. C*t*.

126 *Une jeune dame arrive dans une voiture, traînée par des chiens.*

Elle est reçue par une société joyeuse, réunie à la porte d'une auberge de village, où se font les apprêts d'un festin.

Pendant du précédent.

127 *Portrait de La Camargo (M.-A. Cuppi, dite), célèbre danseuse.*

Elle achève une pirouette dans un paysage bleu et lilas, peuplé de joueurs de flûte et de tambourins.

M.-A. Cuppi naquit à Bruxelles d'une famille noble, originaire d'Espagne. Elle parut avec le plus grand succès sur le théâtre de l'Opéra, depuis 1734 jusqu'en 1751, année de sa retraite.

Ce tableau a été gravé.

H. 0,43. — L. 0,51. T. — C. C^t.

LARGILLIÉRE (Nicolas), *né à Paris, en 1656, mort en 1746,*

Il fut élève de *Goubeau d'Anvers*, et il devint promptement assez habile pour aider son maître dans ses travaux. A 18 ans, il alla en Angleterre, où Pierre Lely, peintre du roi, l'occupa à restaurer et à accroître des tableaux de grands maîtres pour le château de Windsor. Charles II, charmé du talent du jeune peintre, voulut avoir des ouvrages de sa main. Les persécutions contre les catholiques le décidèrent à revenir à Paris où il se fit connaître par des portraits remarquables. Le roi d'Angleterre lui fit proposer la garde de son cabinet de tableaux, mais Largillière ne voulut point quitter la France. Il fut reçu à l'Académie en 1686. Il se rendit cependant de nouveau en Angleterre pour peindre Jacques II et sa femme à leur avènement au trône, mais il refusa les offres brillantes des seigneurs de la cour qui désiraient être peints par lui, et il revint à Paris pour exécuter plusieurs grands tableaux qui lui étaient demandés. Largillière peignit quelques princes français, mais il préférait travailler pour de simples particuliers. Parmi ses élèves on cite Oudri dont il soigna particulièrement les études.

128 *Portrait de Joseph Delaselle, ancien négociant de Nantes, peint vers* 1705.

Donné au Musée par Mlle Flore Wuibert, son arrière petite-fille. 1857.

H. 1,30. — L. 0,98. T.

On lui attribue :

129 *Portrait d'homme vu à mi-corps et assis.*

H. 0,33 1/2. — L. 0,26. T.— C. Cl. de F.

LATOUR, ou DE LATOUR (Maurice-Quentin), *né à Saint-Quentin en* 1705, *mort en* 1788.

Son premier maître fut un peintre médiocre, qu'il surpassa bientôt. Il alla ensuite en Flandre, et il fit de rapides progrès. L'ambassadeur d'Angleterre, dont il peignit le portrait, l'emmena à Londres, où il obtint un grand succès. De retour à Paris, une maladie nerveuse le contraignit d'abandonner la peinture à l'huile. Ce fut alors qu'il se livra exclusivement à l'étude du pastel, genre dans lequel il acquit une si grande réputation.

130 *Un vieillard qui s'est endormi en faisant sa*

lecture, est réveillé par une jeune fille richement vêtue.

Effet de nuit.

Ce tableau était signé : DE LATOUR.

H. 0,90. — L. 0,80. — C. C^t.

LEBRUN (CHARLES), *né à Paris en* 1619, *mort en* 1690.

Son père, sculpteur, lui enseigna les premiers éléments de son art; mais il dut son éducation au chancelier Séguier, son protecteur. Ses maîtres furent Simon Vouet, à Paris, et Le Poussin, à Rome. De retour en France, il obtint un tel succès, que Louis XIV le chargea de peindre les principaux événements de son règne, l'annoblit, le nomma son 1er peintre, et lui donna son portrait enrichi de diamants. Il dut à cette faveur d'obtenir les priviléges de l'Académie royale de peinture, dont il fut le premier directeur. On reproche à Lebrun plus de pratique que de vérité dans son coloris rouge briqueté. Peut-être aussi négligea-t-il trop l'étude de l'antique; mais ces défauts s'oublient devant ces magnifiques batailles d'Alexandre et la superbe galerie de Versailles. Il a écrit un traité sur les passions de l'âme, accompagné de dessins, qui dénote une grande pénétration d'esprit. Ses principaux élèves sont : Verdier, Houasse, Lefebvre, Vivien, Lafosse, Claude Audran, etc.

Par, ou d'après lui :

131 *Le Père Éternel dans sa gloire.*

Esquisse terminée du plafond de la chapelle de Sceaux.

H. 1,16. — L. 1,16. T. — G^t. 1809.

De son école :

132 *Conversion de saint Paul.*

    H. 0,65. — L. 0,55. T. — C. C^t.

LEHMANN (Charles-Ernest-Rodolphe-Henri), *peintre vivant, né à Kiel (duché de Holstein), naturalisé français, élève de son père et de* Ingres.

133 *Mona Belcolor.*

    La coupe et les lèvres, par Alfred de Musset.

              Signé : Henri Lehmann. 1848.

    H. 0,75. — L. 0,65. T. — Acq. 1848.

LEMASLE, *peintre vivant.*

134 *Raphaël montrant au pape Jules II la statue de l'Apollon du Belvédère, trouvée en fouillant une vigne, près de Rome.*

    H. 1,80. — L. 2,40. T. G^t. 1837.

LE PAON (Jean-Baptiste), *né vers 1737 ou 1738, mort à Paris en 1785.*

    Il était élève de *Casanova.* Il fut dragon dans sa jeunesse, et devint peintre ordinaire du prince de Condé.

135 *Halali d'un cerf qui s'était réfugié dans les carrières de Montmartre.*

    Scène aux flambeaux.

    La livrée des piqueurs est celle de la maison de Condé.

    H. 0,70. — L. 0,87. T. — C. C^t.

LÉPICIÉ (Nicolas-Bernard), *né à Paris en 1720, mort en 1784.*

Il commença par peindre l'histoire, et s'attacha ensuite aux scènes familières, dans lesquelles il obtint plus de succès. Il fut professeur à l'Académie de peinture.

136 *Tête d'étude de femme.*

H. 0,29. — L. 0,21. T. — C. C^t.

LE POITTEVIN (Eugène), *peintre vivant, né à Paris en 1806, élève de* Hersent.

137 *Marine.*

Une barque de pilote sauve les naufragés d'un navire qu'on voit au loin désemparé.

Signé : Eug. Le Poittevin. 1833.

H. 0,99. — L. 1,46. T. — C. Cl. de F.

LERAY (Prudent-Louis), *peintre vivant, né à Couëron, près Nantes, élève de* Paul Delaroche.

138 *Charles IX et sa cour visitant les gibets de Montfaucon.*

« Quelques jours après que M. l'amiral fut
» tué et porté à Montfaucon pendu par les
» pieds, ainsi qu'il commençait à rendre quel-
» que senteur, le roi l'alla voir. Aucuns qui
» étaient avec lui bouchaient le nez à cause
» de la senteur, dont il les reprit et leur dit :
» je ne le bouche comme vous autres, car

» l'odeur de son ennemi mort est très-
» bonne. »

(Brantôme.)

Signé : P^t. Leray. 1852.

H. 1,07. — L. 1,49. T. — G^t. 1855.

LEROUX (Marie-Guillaume-Charles), *peintre vivant, né à Nantes.*

139 *Les bords de la Loire.*

Signé : Charles Leroux.

H. 0,82 — L. 1,37. T. — G^t. 1857.

140 *L'Erdre, au-dessus de Nort, pendant l'hiver.*

Signé : Charles Leroux.

H. 1,71. — L. 2,28. T.

Donné au Musée par l'auteur. 1858.

LESSORE (Émile), *peintre vivant.*

141 *L'Ane de la ferme.*

Il porte une petite fille, et un jeune garçon le conduit.

H. 1,20. — L. 1,55. T. — Acq. 1836.

LESUEUR (Eustache), *né à Paris en 1617, mort en 1655.*

Il était fils d'un sculpteur originaire de Montdidier, et il entra fort jeune dans l'école de Simon Vouet. Plus tard, il fut membre de l'Académie royale de peinture et nommé à l'Académie de Saint-Luc, à

Rome. Lesueur ne vit cependant jamais l'Italie, il peut donc être considéré comme caractérisant particulièrement le génie français dans la peinture. Son cœur et son esprit furent les sources de son talent sublime et de cette sage simplicité, qui le rend si noble et si grand. Sa vie fut trop courte; mais elle a été bien remplie, car le nombre de ses ouvrages est immense. Citons au premier rang la Vie de Saint Bruno et Saint Paul a Ephèse, qui font partie de la galerie du Louvre, dans lesquels il a su concilier le respect des formes avec la liberté de l'inspiration. Son coloris est faible, il est vrai, mais il est racheté par une harmonie douce et suave qui fait oublier ce qui lui manque.

142 *Le lever de l'Aurore.*

Les zéphirs la précèdent, chassent les ombres de la nuit et répandent la rosée.

Esquisse d'un plafond qu'il exécuta dans l'hôtel Lambert, à Paris.

H. 0,35. — L. 0,43. — Ovale. T. — C. C^t.

LICHERIE (Louis), *né à Dreux (Beauce), en 1642, mort en 1687.*

Fils d'un conseiller-juge de Dreux, la vocation entraîna Licherie dans une toute autre voie que celle à laquelle le destinait son père. Son penchant irrésistible pour le dessin le fit entrer de bonne heure chez Boulongne père. Plus tard, il connut Le Brun qui le plaça comme professeur aux Gobelins. Il exécuta de grandes compositions et une quantité de tableaux pour des églises et des particuliers, et fut reçu académicien en 1679.

143 *Ravissement de saint Joseph.*

Au-dessous du groupe, on aperçoit Paris, et, à gauche, la butte Montmartre.

Signé : L. Licherie.

H. 2,41. — L. 1,66. T. — G^t. 1804.

LOUTHERBOURG (Jacques-Philippe), *né à Strasbourg en 1740, mort à Londres en 1814.*

Il était élève de *Casanova* et peignit des batailles, des marines et le paysage. Il fut reçu à l'Académie royale en 1763, passa en Angleterre en 1771 et y termina sa carrière.

144 *Un berger appuyé sur un âne : moutons auprès d'un rocher.*

H. 0,50. — L. 0,38. T. Ovale. — C. F.

LUCAS (Auger), *né en 1685, mort en 1765.*

Il était petit-fils de Tournières, et fut nommé, en 1789, secrétaire de l'Académie de peinture.

145 *L'Eté.*

146 *L'Automne.*

147 *L'Hiver.*

148 *Le Printemps.*

Allégories figurées par des enfants.

H. 0,35. — L. 0,66. T. — C. F.

LUMINAIS (Evariste), *peintre vivant, né à Nantes.*

149 *Déroute des Germains après la bataille de Tolbiac.*

Signé : Év. Luminais.

H. 1,30. — L. 1,95. T. — Acq. 1848.

MANGLARD (Adrien), *né à Lyon en 1696, mort à Rome en 1760.*

Quoique membre de l'Académie royale de peinture, Manglard alla de bonne heure se fixer en Italie, de sorte que ses tableaux sont assez rares en France. C'est à Rome, dans divers palais décorés de ses ouvrages exécutés dans de grandes proportions, qu'on peut surtout apprécier tout son mérite et son originalité. Il a gravé à l'eau forte divers paysages et marines de sa composition. Joseph Vernet fut son élève.

150 *Vue d'un port dans la Méditerranée.*

On voit à gauche un vaisseau de guerre, où paraissent vouloir se rendre divers personnages qui s'embarquent dans une chaloupe.

H. 1,11. — L. 2,08. T. — C. C^t.

151 *Vue d'une rade dans la Méditerranée.*

Des chaloupes débarquent des soldats qu'elles ont pris à bord des vaisseaux et des galères qu'on aperçoit au large.

Pendant du précédent.

On croit que ces deux tableaux représentent des vues de l'île de Malte.

MARTIN (Pierre-Denis), dit LE JEUNE, *peignait au commencement du XVIIIe siècle.*

Il fut élève de *Vander Meulen*; il peignit un grand

nombre de résidences royales, des batailles et des chasses. Il travailla aussi pour les Gobelins.

152 *Vue de Saint-Cloud* (du temps de Louis XIV), *prise de la rive opposée.*

Un grand nombre de figures animent ce tableau.

H. 1,86. — L. 3,43. T. — G^t 1084.

MATHER (T.), *peintre du XVIIe siècle.*

153 *Animaux morts.*

Poule, perdrix, lièvre et canards.

H. 0,66. — L. 0,81. T. — C. F.

154 *Poissons morts.*

Carpe, barbeaux, targie, lubines, tranche de saumon, groupés auprès d'un chaudron.

Pendant du précédent.

Ces deux tableaux sont signés : MATHER *fecit,* 1671.

MAUPERCHER (HENRI), *peintre du XVIIe siècle.*

Il fut nommé professeur à l'Académie royale en 1655. Il a gravé plusieurs pièces à l'eau-forte, d'après ses dessins.

155 *Paysage.*

Campagne, arrosée par une rivière, et que l'on aperçoit par l'ouverture d'une roche percée.

H. 0,19. — L. 0,36. T. — C. C^t.

MERSON (Charles-Olivier), *peintre vivant, né à Nantes, élève de* Léon Cogniet.

156 *Une barricade au XVIe siècle.*

Épisode de la journée des barricades, à Paris, le 9 mai 1588.

Signé : Olivier Merson, 1850. Nantes.

H. 2,02. — L. 1,40. T. — Acq. 1853.

MICHEL (Emile-François), *peintre vivant, né à Metz (Moselle), élève de* Marechal.

157 *Bords de l'Orne (Lorraine).*

H. 0,47. — L. 0,73. T. — Acq. 1854.

MICHEL (Pierre-François).

158 *Paysage.*

Animaux allant à l'abreuvoir, effet d'orage.

Les figures sont de Taunay.

H. 0,40. — L. 0,57. B. — C. F.

MONNOYER (Jean-Baptiste), dit BAPTISTE, *né à Lille en 1634, mort à Londres en 1699.*

Baptiste a été le plus habile peintre de fleurs de son époque. Il fut reçu à l'Académie de peinture en 1665. Il a gravé, d'après lui-même, une collection de bouquets et de vases formant un volume. Jean-Baptiste Blain de Fontenay, qui fut son élève et son gendre, s'associa souvent à ses travaux.

159 *Pivoines, belles de nuit et autres fleurs dans un vase doré, posé sur un cippe.*

H. 0,89. — L. 0,71. T. — C. C^t.

160 *Tête de jeune homme dans un médaillon de fleurs.*

H. 1,14. — L. 1 m. T. — C. C^t.

NANTEUIL (ROBERT), *né à Reims en 1630, mort à Paris en 1678, célèbre graveur de portraits.*

D'après lui :

161 *Portrait à mi-corps d'Anne d'Autriche, femme de Louis XIII, et mère de Louis XIV.*

L'original est en pied.

H. 0,62. — L. 0,43. T. — C. C^t.

On lui attribue :

162 *Portrait d'homme en buste, vêtu de noir.*

H. 0,33. — L. 0,25. B. — C. Cl. de F.

NATOIRE (CHARLES-JOSEPH), *né à Nîmes en 1700, mort à Castel-Gandolfo, près de Rome, en 1777.*

Il était élève de *Lemoine*, et, en 1721, il remporta le 1er prix de peinture. A Rome, il obtint aussi le 1er prix de l'Académie de Saint-Luc. De retour à Paris, il fut successivement reçu membre de l'Académie, adjoint à professeur, et enfin professeur. En 1751, il fut nommé directeur de l'Académie de France à Rome, et, en 1756, chevalier de l'Ordre de Saint-Michel. En 1774, il se retira à Castel-Gandolfo où il mourut.

163 *Didon se donnant la mort.*

H. 0,78. — L. 0,60. T. — C. C^t.

NATTIER (JEAN MARC), *né à Paris en* 1685, *mort en* 1766.

Il fut élève de son père, Marc Nattier, peintre de portraits. A l'âge de 15 ans, il obtint le 1er prix de dessin à l'Académie, et, en 1709, il refusa une place à l'Ecole de France à Rome, que voulait lui faire obtenir Jouvenet son parrain; il préféra continuer les dessins de la galerie du Luxembourg de Rubens, qu'il avait obtenu l'autorisation de faire graver : Il alla ensuite à Amsterdam où se trouvait Pierre-le-Grand, qu'il peignit, ainsi que l'impératrice Catherine; mais il refusa de suivre ce souverain en Russie. En 1718, il fut reçu à l'Académie comme peintre d'histoire. Ruiné par le système financier de Law et cherchant à rétablir sa fortune, il ne voulut plus peindre que des portraits, genre dans lequel il se fit une grande réputation.

164 *Portrait de La Camargo (M.-A. Cuppi, dite), célèbre danseuse.*

Née à Bruxelles en 1710, d'une famille noble originaire d'Espagne, elle parut avec le plus grand succès sur le théâtre de l'Opéra, depuis 1734 jusqu'en 1751, année de sa retraite. Voltaire l'a célébrée dans une pièce de vers qu'il lui adressa. (Bouillet, *Dict. univ. d'hist. et de géogr.*)

H. 0,82. — L. 0,65. T. — C. Cl. de F.

NOEL (Jules), *peintre vivant, né à Quimper, élève de* Charrioux, *de* Brest.

165 *Marine. Rade de Brest par un temps calme.*

H. 1,30. — L. 2 m. T. — G^t. 1842.

OUDRY (Jean-Baptiste), *né à Paris en* 1686, *mort à Beauvais en* 1755.

Son père, maître peintre et marchand de tableaux, lui enseigna les premiers éléments de l'art; puis il entra chez Largillière qui le dirigea avec un soin tout paternel. Ses progrès furent rapides. Il peignit d'abord le portrait, mais, d'après les conseils de son maître, il se livra presque exclusivement à l'étude des animaux et de la nature morte. Il fut reçu académicien en 1719, et adjoint à professeur en 1739. Louis XV, charmé de son talent, lui donna un logement au Louvre, et lui fit faire les portraits de ses chiens favoris; il suivait en outre les chasses du roi et pouvait ainsi étudier la nature sur le fait. Sa réputation s'étendit à l'étranger, et il refusa les propositions avantageuses de plusieurs souverains qui voulaient l'enlever à sa patrie. On lui donna la direction de la manufacture de Beauvais, et, plus tard, la sur-inspection des Gobelins. Malgré les nombreuses occupations que lui donnaient ces fonctions, Oudry exécuta un nombre considérable de tableaux, de dessins et d'eaux fortes représentant des chasses, des paysages, des animaux, des fruits, des fleurs, des imitations de bas-reliefs, etc. Un de ses fils, Jacques-Charles Oudry, peignit aussi les animaux et fut reçu à l'Académie en 1748.

166 *Paysage avec animaux.*

A gauche, on voit un moulin à eau, ombragé par un chêne séculaire. Dans le fond, une femme montée sur un âne descend un coteau en conduisant des vaches et des moutons.

Au premier plan, on remarque un chien lapant dans un ruisseau, un âne chargé de légumes, deux moutons et un taureau.

Signé : J.-B. Oudry. 1740.

H. 1,14. — L. 1,50. T. — C. F.

167 *Chasse au loup dans une forêt.*

La bête, attaquée par des chiens, leur oppose une vigoureuse résistance.

Pendant du précédent.

Signé : J.-B. Oudry. 1748.

168 *Chien caniche saisissant un canard.*

H. 0,53. — L. 0,43. T. — C. C^t.

169 *Un épagneul près d'un coussin.*

H. 0,43. — L. 0,51. T. — C. C^t.

PAPETY (Dominique-Louis-Féréol), né à Marseille en 1815, mort à Paris en 1849, élève de Léon Cogniet.

170 *Une femme, à genoux,* adresse une prière à la Madone, tandis que deux Pifferari, debout derrière elle, font entendre les sons de leurs discordants instruments.

Signé : Dom. Papety.

H. 0,38. — L. 0,46. B. — C. Cl. de F.

PARROCEL (Joseph), *né à Brignoles, en Provence, en 1648, mort à Paris en 1704.*

Louis, son frère, lui donna les premières leçons; puis il alla à Rome, où il reçut des conseils de *Bourguignon*, et, enfin, à Venise, où il étudia les grands coloristes. De retour à Paris, en 1675, il fut reçu à l'Académie, et en 1703 on le nomma conseiller. Il a peint avec succès des portraits, des paysages, des traits d'histoire et des batailles dans lesquelles il a quelquefois égalé son maître. Sa touche est fine et légère, et son coloris est vigoureux. Il excellait à rendre les effets de lumière. Il a gravé plusieurs estampes avec beaucoup d'intelligence et d'esprit. Son fils Charles, son neveu Ignace et François Sylvestre furent ses élèves.

171 *Moines guérissant des possédés.*

H. 1,70. — L. 2,62. T. — G^t. 1804.

PATEL (le père), *né en Picardie vers 1620, mort vers 1676.*

La vie de ce peintre est peu connue. On croit qu'il fut élève de Vouet, et on sait qu'il travailla avec Swanvelt à la décoration de *l'Hôtel Lambert*. Il fut aussi employé au Louvre, aux peintures des appartements d'Anne d'Autriche. On assure qu'il peignit souvent des fonds de paysages dans les tableaux de Lesueur. Sa touche est légère, sa couleur lumineuse quoique un peu fade; il introduisait toujours dans ses tableaux des monuments d'architecture qu'il dessinait d'un fort bon goût.

On lui attribue :

172 *Paysage au soleil couchant, animé par une chasse au cerf.*

H. 0,47. — L. 0,68. T. — C. C^t.

173 *Vue de coteaux aux abords d'une rivière, soleil couchant.*

H. 0,47. — L. 0,68. T. — C. C^t.

PATER (Jean-Baptiste), *né à Valenciennes en 1696, mort à Paris en 1736.*

Il était élève de Wateau, et il a peint dans sa manière, mais l'humeur difficile de son maître l'obligea de le quitter de bonne heure et il resta abandonné à lui-même. Sur la fin de ses jours, Wateau regretta de ne l'avoir pas secondé, et il lui consacra les derniers moments de sa vie. Il fut reçu académicien en 1728.

174 *Musiciens et promeneurs dans les jardins de Marly.*

H. 0,40. — L. 0,62. T. — C. C^t.

175 *Dames et cavaliers en partie de plaisir dans un jardin.*

H. 0,43. — L. 0,51. T. — C. C^t.

176 *Plusieurs personnages se promènent dans un jardin. Un cavalier baise la main d'une dame.*

H. 0,41. — L. 0,38. T. — C. C^t.

PÉRIGNON (Alexis), *peintre vivant, né à Paris en 1808, élève de* Gros.

177 *Portrait de Leray (Théodore-Constant),*

contre-amiral, ancien député de la Loire-Inférieure, né à Pornic.

Donné au Musée par sa famille.

Signé : PÉRIGNON.

H. 1,38. — L. 1,06. T.

PERROT (FERDINAND), *né à Paimbœuf (Loire-Inférieure), mort à Saint-Pétersbourg en 1841.*

178 *Marine.*

Sauvetage d'un bateau de pêche bas-breton par le *Neptune*, navire danois, sur la côte de Bretagne.

H. 1,33. — L. 1,96. T. — Acq. 1811.

PETITOT (JEAN), *né à Genève en 1607, mort à Vévei (canton de Berne), en 1691.*

Son père, sculpteur et architecte, le destina à l'état de joaillier et le plaça sous la direction de Bordier. La réussite de Petitot dans la préparation des émaux donna, aux deux artistes, l'idée de faire le portrait sur émail. Petitot peignait les têtes et les mains, Bordier les accessoires. Ils obtinrent des succès, et partirent pour l'Italie où la fréquentation d'habiles chimistes contribua à les perfectionner dans leur art. A Londres, où ils se rendirent ensuite, ils améliorèrent encore leurs couleurs. Charles Ier attacha Petitot à sa personne et le créa chevalier. Van Dyck qu'il rencontra à Londres l'aida de ses avis. A la mort du roi, il se retira en France où Louis XIV le retint en lui faisant des avantages considérables. Il y fut pendant longtemps occupé à copier sur émail les tableaux de Mignard et de Lebrun, et il fit à plusieurs reprises les portraits de la famille royale. A la révocation de l'édit de Nantes, Petitot, qui était protestant, voulut retourner à Genève, mais Louis XIV s'y opposa, et le fit même enfermer à la suite d'une tentative d'évasion. Le chagrin qu'il en ressentit faillit lui coûter la vie. Rendu enfin à la liberté, il se réfugia à Genève et de là à Vevei, où il mourut à l'âge de 84 ans, en peignant le portrait de sa femme.

179 *Portrait de Jean-Baptiste marquis de Becdelièvre, seigneur de la Busselaie.*

Miniature sur émail.

H. 0,040. — L. 0,035. Ovale.

Ce portrait, ainsi que les trois suivants, d'artistes inconnus, ont été légués au Musée, en 1855, par M. le marquis de Becdelièvre.

180 *Portrait de Jean-Baptiste de Becdelièvre, seigneur de la Busselaie (1647).*

Miniature sur ivoire.

H. 0,051. — L. 0,043. Ovale.

181 *Portrait de Guillaume-Jean-Baptiste-François marquis de Becdelièvre, premier président de la Chambre des Comptes. (1705).*

Miniature sur vélin.

H. 0,054. — L. 0,043. Ovale.

182 *Portrait de Gui-Marie-Hilarion de Becdelièvre, chevalier de Malte, lieutenant aux gardes-françaises (1710).*

Miniature sur ivoire.

H. 0,050. — L. 0,040. Ovale.

ÉCOLE FRANÇAISE.

PHILATRE, *peintre du siècle dernier.*

183 *Vue de Pantin, près Paris.*

Signé : PHILATRE, 1782.

H. 0,16. — L. 0,24. T. — C. F.

PICOU (HENRI-PIERRE), *né à Nantes, élève de Paul Delaroche.*

184 *Fête à la nature.*

Signé : Henri PICOU, 1850.

H. 2,10. — L. 3,15. T. — G^t. 1851.

185 *Le Styx.*

Signé : H. PICOU.

H. 1,50. — L. 1,50. T. — G^t. 1849.

POUSSIN (NICOLAS), *né aux Andelys en 1594, mort à Rome en 1663.*

Il était issu d'une famille noble appauvrie au service militaire. Quintin Varin, peintre fixé aux Andelys, pressentit et encouragea son génie; mais Le Poussin n'eut bientôt plus rien à apprendre de son maître, et, à 18 ans, il se rendit à Paris pour y chercher d'autres leçons. Il s'adressa à Ferdinand Elle et Georges Lallemand. A ce moment, il fit connaissance d'un jeune gentilhomme du Poitou, qui l'introduisit auprès de divers amateurs possesseurs de galeries ou de cartons. Ce fut alors que Le Poussin se livra à des études sérieuses sur les œuvres de Raphaël et de Jules Romain. Le départ de son protecteur interrompit ses études. Il le suivit dans le Poitou, mais blessé par le mauvais accueil que lui fit la mère du gentilhomme, il retourna à Paris, peignant le long de la route pour subvenir à sa dépense. Ce fut pendant ce voyage qu'il s'arrêta à Clisson où il exécuta des paysages pour le château, et l'on reconnaît, dans son tableau de Diogène, un site emprunté à ce pays. Il vint ensuite à Nantes où il se trouva lors de l'entrée de Louis XIII et de Marie de Médicis, le 16 août 1614. Il y aida Charles Errard à peindre deux transparents de 9 pieds chacun, pour la décoration de la porte Saint-Nicolas. Ils représentaient deux Hercules à cheval, sous les traits de Louis XIII et de Henri IV. Il peignit aussi, pour les prêtres de l'Oratoire, plusieurs tableaux que l'on voyait encore dans cette communauté la veille de la révolution. De retour à Paris, il se lia avec le cavalier Marini, qu'il rejoignit plus tard à Rome. Malheureusement, la mort de cet ami et le départ du cardinal Barberini, à qui il avait été recommandé, le laissèrent sans protection et sans ressources. Il se lia alors avec deux sculpteurs, F. Duquesnoy et Lalgarde, comme lui dépourvus de moyens d'existence. Ils moulaient ensemble des antiques et vivaient du mince produit de ce travail. Le retour du cardinal mit fin à cette pénible situation. Il commanda à Poussin plusieurs tableaux qui accrurent et étendirent sa réputation à tel point, que Louis XIII le rappela en France. Ce monarque lui fit une magnifique réception et le nomma son premier peintre, avec une pension de 3,000 livres et un logement au Louvre. La faveur dont jouissait Le Poussin excita la jalousie de ses rivaux. Il avait entrepris les peintures de la galerie du Louvre, qui devaient représenter les travaux d'Hercule. Lemercier, Vouet et Fouquières, dont il contrariait les projets, se liguèrent ensemble, écrivirent des mémoires contre lui et l'obligèrent à se défendre. Il le fit avec fermeté et bon sens; mais, fatigué de cette lutte et regrettant la vie paisible qu'il menait en Italie, Le Poussin quitta la France! il se fixa définitivement à Rome, où il mourut à l'âge de 71 ans.

Quoiqu'il ait passé la plus grande partie de sa vie en Italie, Le Poussin n'en eut pas moins une grande influence sur le goût par ses relations avec les amateurs et les artistes français qui se rendaient à Rome. On ne cite de lui que deux élèves : Gaspre Ducher, son beau-frère, et Le Tellier, son neveu, mais on en compterait bien d'autres, si l'on faisait attention à tous les peintres français qu'à Rome il aida généreusement de ses conseils.

186 *Ravissement d'un saint.*

H. 0,36. — L. 0,36. T. — C. Cl. de F.

D'après lui :

187 *Portrait de Nicolas Poussin, à l'âge de 56 ans.*

Copie de celui du Musée du Louvre.

H. 0,95. — L. 0,61. T. — G^t. 1804.

RAOUX (Jean), *né à Montpellier en 1677, mort à Paris en 1734.*

Il était élève de Boullongne, et débuta dans la carrière de l'histoire. Il remporta le grand prix de peinture, et alla étudier à Rome et à Venise ; mais, reconnaissant son impuissance à aborder de vastes entreprises, il redescendit aux sujets de caprice qu'il puisait ordinairement dans la fable ou dans l'histoire ; il se fit dans ce genre une grande réputation, et ses tableaux furent très-recherchés. Il fut reçu académicien en 1717.

188 *Renaud et Armide, entourés de Nymphes et d'Amours.*

Nous croyons ce tableau gravé.

H. 1 m. — L. 1,27. T. — C. C^t.

RÉMONT (Jean-Charles), *peintre vivant, né à Paris en 1795, élève de Bertin et Regnault.*

189 *Paysage historique.*

Ulysse se présente à Nausicaa.... Nausicaa

et ses compagnes dansent, chantent, se livrent à des jeux et se préparent à retourner au palais... Leurs cris joyeux réveillent Ulysse... Il se forme une ceinture de feuillage, sort du buisson et s'avance. (Odissée d'Homère.)

Signé : REMONT, 1830.

H. 1,71. — L. 2 m. T. — G^t. 1831.

190 *Paysage.*

Vue du pont de la Crévola, dans le Simplon.

Signé : REMOND, 1832.

Donné par le Gouvernement, en 1833, en échange du grand prix de Rome de Desmarêts. (Horace tuant sa sœur.)

H. 1,70. — L. 2,16. T. — G^t 1833.

RENOUX.

191 *Etude de rochers.*

Signé : RENOUX.

H. 0,28. — L. 0,22. T. — C. Cl. de F.

ROBERT (LOUIS-LÉOPOLD), *né à la Chaux-de-Fonds, canton de Neufchâtel, en Suisse, en 1794, mort à Venise en 1835.*

Son père, horloger monteur de boîtes, le destina d'abord au commerce; mais il ne suivit pas longtemps cette carrière, qui s'accordait peu avec ses penchants d'artiste. De retour dans sa famille, il s'occupa à copier, à défaut d'autres modèles, quelques mauvaises gravures plus propres à égarer son goût qu'à le former. Bientôt après, son père le confia à Charles Girardet, graveur en taille-douce, qui se rendait à Paris, et qui devait l'initier à sa profession. Tout en restant chez son maître, Léopold entra dans l'atelier de David, pour apprendre à dessiner, et il y reçut, en même temps, les premières leçons de peinture. En 1814, il concourut pour le grand prix de gravure en taille-douce. Il obtint le second grand prix. Deux ans après, il se disposait à concourir de nouveau, pour le premier grand prix qu'il aurait certainement obtenu, lorsque, la chute de l'Empire ayant fait rendre Neufchâtel à la Prusse, Léopold fut déclaré étranger, et, comme tel, éloigné du concours. Découragé par ce coup imprévu, il abandonna le burin qu'il n'avait pris qu'à contrecœur, et se livra avec ardeur à la peinture. L'exil de David le fit entrer dans l'atelier de Gros, qu'il quitta bientôt pour retourner dans sa famille. Il y séjourna et fit, pendant dix-huit mois, ressource de son pinceau. A cette époque, il se lia avec M. Roullet de Mezerac, amateur distingué, qui l'engagea vivement à se rendre à Rome, et lui en fournit les moyens. Il partit avec l'idée, dit-il : « *d'y vaincre ou d'y mourir.* » Il travailla avec ardeur, et, après bien des efforts et bien des inquiétudes, la fortune lui sourit enfin. Une exposition générale qu'il fit de ses ouvrages, lui attira une vogue qui ne se démentit plus. Robert avait compris que la peinture idéale n'était pas son fait, et il s'en tint à l'imitation simple et vraie de la grande nature qui l'entourait. Indépendamment d'un certain nombre de petits tableaux, il exécuta successivement : L'*Improvisateur napolitain*, qui, dans le principe, devait être *une Corine improvisant au cap Misène* (ce tableau, acheté par Louis-Philippe, a été détruit lors du pillage de Neuilly), *le Retour du pèlerinage à la madone de l'Arc; la Halte des moissonneurs dans les marais pontins* (tous deux font partie du Musée du Louvre); et, enfin, *le Départ des pêcheurs de l'Adriatique*, qui appartient à M. Paturle; ce fut l'œuvre dernière de l'artiste, qu'un suicide, causé par une passion malheureuse, enleva trop tôt aux arts.

L. Robert sera toujours classé parmi les premiers peintres de notre Ecole. Il a le mérite d'être essentiellement original. S'il est parfois faible dans la composition et l'exécution, il rachète largement ces défauts par la vérité et l'originalité, par le dédain de la mode, par l'expression et le profond caractère qu'il a su imprimer à ses œuvres.

192 *L'Ermite du mont Epomeo* (Ile d'Ischia), *recevant des fruits des mains d'une jeune fille.*

H. 0,56. — L. 0,46. T.

ROBERT exécuta ce tableau pour M. Marcotte d'Argenteuil, amateur, son protecteur et son ami. Il lui écrivait, le 15 janvier 1826 : « Ce sujet m'a
» été fourni dans mon dernier voyage de Naples.
» C'est au sommet de la montagne la plus élevée qui
» se trouve dans l'île d'Ischia, que j'ai vu un ermite
» recevant d'une jeune fille des fruits qu'elle lui
» avait apportés. Je vais l'exécuter tout de suite. »
Ce tableau a passé successivement des mains de M. Marcotte dans celles de MM. de Wailly, Baudin et enfin du comte Alp. de Feltre.

Il est signé : Léopold ROBERT. Rome 1827.

C. Cl. de F.

193 *Les baigneuses de l'Isola di Sora.*

H. 0,54. — L. 0,44. T.

Deux jeunes filles se déshabillent pour se baigner dans la mer.

Léopold écrivait, à ce sujet, à M. Marcotte d'Argenteuil, le 12 septembre 1827 : « Quelques per-
» sonnes ont trouvé dans ce tableau, destiné à
» M. Marcotte aîné, un peu de liberté. Ce n'a été
» nullement mon intention. Cependant, pour ne pas
» faire toujours des figures vêtues de la tête aux
» pieds, j'ai peint deux jeunes filles qui se déshabil-

» lent pour se baigner. Je les ai supposées dans un
» endroit entièrement retiré, où elles ne doivent
» craindre aucun regard curieux. »

C'est la seule fois que Léopold ait peint le nu, que son rigorisme ne lui permettait pas d'aborder. Ici, ses scrupules étaient exagérés, car ce tableau est d'une décence parfaite.

Signé : Léopold ROBERT. Rome 1827.

C. Cl. de F.

194 *Les petits pêcheurs de grenouilles dans les marais pontins.*

H. 0,54. — L. 0,44. T.

Le plus âgé tient en main sa ligne intacte encore, et cherche à consoler son jeune frère, qui, penché vers la terre, gémit sur sa ligne brisée.

Le ton mélancolique et l'à-propos de cette composition la firent regarder à son apparition, au salon de 1831, comme une allégorie douloureuse, où Léopold avait retracé le souvenir de la vie brisée de son frère *Alfred*, qui s'était suicidé, comme fit plus tard Léopold lui-même.

Signé : Léopold ROBERT. Rome 1828.

Ce tableau et le précédent furent achetés par le comte Alp. de Feltre, à la vente après décès de M. Marcotte aîné.

C. Cl. de F.

195 *Une religieuse debout*, étude d'après nature.

Signé : Léopold ROBERT. 1821.

H. 0,33. — L. 0,23. T. — C. Cl. de F.

ROBERT-FLEURY (Joseph-Nicolas), *peintre vivant, né à Cologne de parents français, en 1797, élève de H. Vernet, de Girodet et de Gros.*

196 *Jésus-Christ et les petits enfants.*

Signé : Robert FLEURY.

H. 0,90. — L. 1 m. T. — Acq. 1839.

197 *Portraits en pied (sur la même toile), de MM. Edgar Clarke, duc de Feltre, capitaine aux cuirassiers de Berry (4e régiment); Arthur de Feltre, lieutenant au même régiment, et Alphonse de Feltre, page du roi.*

Signé : Robert FLEURY. 1825.

H. 0,92. — L. 0,73. T. — C. Cl. de F.

ROGER (Eugène), *né à Sens en 1807, mort à Paris en 1841, élève de* Hersent.

198 *Le corps de Charles-le-Téméraire, reconnu le lendemain de la bataille de Nancy.*

H. 3 m. — L. 4 m. T. — Acq. 1837.

ROUETTE (G.), *peintre du XVIIIe siècle, et qu'on croit avoir été élève d'Oudry.*

199 *Un renard tient un lapin qu'il vient d'éventrer, tandis qu'un chat sauvage s'apprête à le lui disputer.*

Signé : G. ROUETTE.

H. 0,81. — L. 1,16. T. — C. Ct.

ROUSSEAU (Théodore), *peintre vivant, né à Paris.*

200 *Paysage traversé par une rivière.*

Signé : Th. Rousseau.

H. 0,35. — L. 0,55. B. — Acq. 1851.

201 *Paysage.*

Vaches à l'abreuvoir.

Signé : Th. Rousseau.

H. 0,38. — L. 0,33. B. — G^t. 1851.

SABLET (Jacques), *né à Morges, en Suisse, en 1751, mort à Paris en 1803.*

Il fut d'abord élève de *Dubois* et de *Cocher*, peintres décorateurs à Lyon. A Paris, il suivit l'école de *Vien*, et il accompagna son maître en Italie, où il resta près de 20 années. Plus tard, le sénateur Lucien Bonaparte, pour qui il avait exécuté beaucoup de travaux, l'emmena en Espagne, pendant son ambassade. Sablet possédait un coloris vigoureux et chaud, auquel il dut particulièrement sa réputation, et qui lui valut le surnom de *Peintre du Soleil.*

202 *Vieillard assis et lisant.*

H. 0,60. — L. 0,50. T. — Acq. 1811.

203 *Laveuses italiennes.*

H. 0,25. — L. 0,33. T. — C. C^t.

204 *Vendanges en Italie.*

H. 0,46. — L. 0,62. T. — C. C^t.

205 *Intérieur de la salle des Cinq-Cents à Saint-Cloud, dans la soirée du 18 brumaire an VIII.*

La scène se passe au moment où Lucien Bonaparte, président, déclare que le Gouvernement est changé, et que trois consuls, Bonaparte, Sièyes et Roger Ducos sont chefs de la République. On les remarque assis dans le même ordre, en face du président; les deux généraux qu'on voit auprès des consuls doivent être Murat et Leclerc.

H. 0,46. — L. 0,66. T. — Acq. 1811.

206 *Portrait de Cacault, sénateur, chargé de France près du Saint-Siége.*

Sa collection a formé le fond du Musée de Nantes.

H. 0,42. — L. 0,33. T. — C. C¹.

SABLET (Jean-François), *né à Morges en 1745, mort à Nantes en 1819, frère aîné du précédent.*

Il étudia en France et en Italie. De retour à Paris, il aida Mme Lebrun dans les travaux qu'elle exécutait pour Louis XVI. Enfin, après plusieurs voyages en Suisse, il vint se fixer à Nantes, où il a laissé un nombre considérable de tableaux en tous genres. En 1812, il fut chargé, par la ville, de peindre pour décorer la Bourse de Nantes, six tableaux en grisailles, imitant des bas-reliefs et retraçant diverses scènes du séjour de Napoléon dans notre ville. Ces tableaux, dit-on, étaient fort remarquables. Après 1815, ils furent vendus et transportés aux Etats-Unis.

207 *Vue de Tivoli et de la campagne de Rome, du côté de la voie Appienne.*

Donné par Mme de la Vauguyon, sœur de l'auteur.

H. 1,16. — L. 1,50. T.

208 *Entrée de la Savoie.*

H. 0,40. — L. 0,33. T. — C. C^t.

209 *Vue prise en Italie.*

H. 0,14. — L. 0,20. T. — C. C^t.

210 *Portrait de Ceineray, architecte, auteur de la Chambre des Comptes de Bretagne, maintenant la Préfecture, des quais Brancas, de l'hôtel d'Aux, etc.*

H. 0,24. — L. 0,21. T. — C. C^t.

211 *Portrait de Pierre-René Cacault, peintre, ancien pensionnaire à Rome, frère du sénateur.*

H. 0,24. — L. 0,21. T. — C. C^t.

212 *Vue de la cale de la Machine, près des Salorges, à Nantes.*

Donné par Mme de la Vauguyon.

Ce tableau est à l'Hôtel-de-Ville.

SANTERRE (JEAN-BAPTISTE), né à *Magny, près de Pontoise,* en 1650, mort à *Paris* en 1717.

Son premier maître fut François Lemaire, qu'il

quitta bientôt pour Boullongne l'aîné. Afin d'assurer une longue durée à ses ouvrages, il fit de nombreux essais sur la fixité des couleurs, et finit par en adopter seulement cinq qui lui parurent les plus solides. Il peignit d'abord des portraits, puis des têtes de fantaisie et quelques tableaux d'histoire. Il fut reçu à l'Académie en 1704.

213 *Cuisinière grattant une carotte.*

H. 0,81. — L. 0,65. T. — C. C*t*.

214 *Une jeune fille s'est endormie, couchée sur son ouvrage.*

Effet de nuit.

H. 0,57. — L. 0,60. T. — C. C*t*.

SARAZIN DE BELMONT (M*lle* Louise-Joséphine), *peintre vivant, née à Versailles, élève de* Valenciennes.

215 *Intérieur de la forêt de Fontainebleau.*

Signé : J*no* S. de B. Fontainebleau, 1833.

H. 0,44. — L. 0,60.. T. — C. U. de S.-B.

SCHAALL, *peintre du siècle dernier.*

216 *Allégorie à la Liberté*

Deux enfants nus s'embrassent au pied d'une colonne supportant la statue de la Liberté.

H. 0,30. — L. 0,21. B. — C. F.

217 *Danseuse de l'époque de Louis XVI.*

H. 0,30. — L. 0,21. T. — C. F.

SCHEFFER (Ary), *né à   , mort à Paris, en* 1858.

218 *L'Enfant charitable.*

« Il y eut un jour un enfant bien pieux qui, allant
» à l'école, rencontra un pauvre vieillard auquel il
» donna son déjeûner. Le vieillard était un ange,
» qui ayant repris sa forme véritable, doua l'enfant
» du pouvoir de guérir les malades qu'il toucherait.
» Aussitôt l'enfant courut vers sa mère, grandement
» malade, et la guérit. L'enfant depuis guérit des
» rois et des empereurs et fonda un beau couvent. »

(GOETHE. — Goetz de Berlichingen.)

Signé : Ary SCHEFFER, 1840.

Gravé par Thevenin.

H. 1,18. — L. 0,74. — C. U. de S.-B.

SCHNETZ (Jean-Victor), *peintre vivant, né à Versailles, élève de* David, *de* Regnault, *de* Gros *et de* Gérard, *membre de l'Institut, directeur de l'Académie de France à Rome.*

219 *Funérailles d'une jeune martyre dans les catacombes, à Rome, au temps des persécutions.*

Le funèbre cortége est à l'instant de franchir l'entrée des catacombes. Un des fossari l'attend, une lampe à la main, pour le guider dans les détours obscurs du souterrain. Un jeune pâtre converti baise respectueusement le manteau dans lequel est porté le corps de la jeune martyre. Plus loin, une femme tient la petite fiole contenant, suivant l'usage, du sang de la sainte victime. Elle manifeste son effroi en apercevant dans le lointain une troupe de soldats romains.

Signé : V. Schnetz, Rome 1847.

H. 3,38. — L. 3,82. T. — G^t. 1848.

SIGALON (Xavier), *né à Uzès (Gard) en 1788, mort à Rome en 1837.*

Son père, maître d'école, vint habiter Nîmes, dans l'espoir d'y trouver des ressources, pour élever sa famille. A l'âge de 10 ans, Xavier entra à l'Ecole centrale de dessin, et, la même année, il obtint le 1er prix de tête, avec des qualités si remarquables, que le préfet qui présidait la distribution, le prit entre ses bras, et le montrant à l'assemblée : « Voilà, » Messieurs, dit-il, un enfant qui sera un jour un » grand homme. » Après la suppression de l'Ecole de dessin, il trouva un aliment à son insatiable ardeur dans la collection de gravures de la Bibliothèque publique, dont il s'arrachait avec peine pour donner quelques leçons de dessin aux élèves de son père. A 20 ans, Sigalon n'avait pas encore touché un pinceau, lorsqu'un peintre, nommé Monrose, vint à Nîmes, et lui donna les premières notions du métier. Il fit alors quelques tableaux que l'on voit encore dans les églises de la ville et des environs. Son idée fixe était de se rendre à Paris. A force d'économies, il parvint à réaliser 1,500 fr. Il partit joyeux avec cette faible somme, pensant n'avoir plus qu'à se perfectionner; car, malgré sa grande modestie, il se croyait déjà peintre. Sa première visite fut pour le Musée; mais, à l'aspect des chefs-d'œuvre amoncelés dans la galerie du Louvre, il est frappé d'épouvante : il en sort le cœur brisé et verse des larmes de désespoir. L'impression fut si forte, qu'il resta deux mois entiers dans la plus cruelle indécision. Enfin, la vocation l'emporta, et il entra chez Pierre Guérin. Mais l'argent venant bientôt à lui manquer, il quitta l'atelier et commença au Louvre ses plus sérieuses études. Il se promenait devant les œuvres des grands coloristes, ses maîtres de prédilection, qu'il analysait avec les yeux, car jamais il ne fit de copies. Il ne faisait pas davantage d'esquisses : il jetait tout d'une pièce sur la toile ses compositions méditées avec lenteur. Son premier tableau fut la *Courtisane*, qui fait aujourd'hui partie du Musée du Louvre. Bientôt après parut la *Locuste*, qui obtint au salon de 1824 un succès d'enthousiasme. Enfin, il commença l'*Athalie*. Il peignit d'abord toutes ses figures nues, d'après le modèle, et jeta ensuite des draperies sur tout ce monde anatomique. Son exaltation était si grande en exécutant ce tableau, que, avant de l'avoir achevé, il fut pris d'une maladie nerveuse qui l'empêcha de travailler pendant six mois. Enfin, le mal céda, et il acheva de fougue, en moins d'un mois, sa vaste toile. On sait quelles discussions, entre les différentes écoles, cet ouvrage souleva à son apparition au salon de 1827. L'artiste était sorti des données alors acceptées : Cette largeur du sujet, cette verve puissante, cette élévation de style, ce vigoureux accent de vie, rencontrèrent une vive opposition dans les représentants, encore tout puissants, de *l'art classique*. Aussi, l'échec fut complet, et l'artiste relégua, dans un coin de l'atelier, ce fruit de trois années de labeur. Cependant, à son retour de Rome, il disait encore : « Ce que j'ai fait de mieux, c'est l'*Athalie*, malgré ses défauts. » Après l'achèvement de ce tableau, pour lequel il avait dépensé 7,000 fr., SIGALON se trouva sans ressources. Quelques rares commandes qui lui furent faites par le Gouvernement et par des particuliers, suffirent à peine à le faire vivre et à payer ses dettes. Il se décida alors à retourner à Nîmes, où il se borna à faire des portraits. Enfin, le ministre de l'intérieur l'appela à Paris, et lui proposa d'aller à Rome faire la copie du *Jugement dernier*, de Michel-Ange. Le désir de voir l'Italie le décida à accepter ce travail, auquel il consacra trois années. Lorsqu'il eut terminé sa copie, SIGALON l'exposa aux regards des Romains, qui avaient, dans le principe, jugé son entreprise impraticable. Elle obtint un tel succès, que le Pape lui-même vint la visiter dans toute la pompe pontificale, suivi d'un grand nombre de cardinaux, et tendit la main à son auteur. Après ce triomphe, l'artiste revint en France surveiller l'exhibition de sa toile, puis il retourna à Rome pour achever les pendentifs, et ce fut alors qu'il succomba à une attaque de choléra, à l'âge de 49 ans.

220 *Athalie faisant massacrer les princes de la race de David.*

« De princes égorgés la chambre était remplie,
» Un poignard à la main, l'implacable Athalie,
» Au carnage animait ses barbares soldats,
» Et poursuivait le cours de ses assassinats. »

(RACINE, *Athalie*, 1er acte, scène II.)

Athalie, fille de Jésabel et d'Achab, roi d'Israël, veuve de Joram, roi de Judas, après la mort de leur fils Ochosias, qui avait succédé à ce dernier, se fraya le chemin du trône, en faisant égorger tous les princes de la race royale.

Josabeth, sœur d'Ochosias et fille de Joram, mais d'une autre mère qu'Athalie, au moment où l'on massacre les princes, trouve le moyen de sauver du milieu des morts, Joas, son neveu, encore à la mamelle (871 ans avant Jésus-Christ). *Rois*, livre IV, chap. XI.

Signé : SIGALON, 1827.

H. 4,28. — L. 6 m. T. — Gt. 1833.

SNAVE, *peintre du siècle dernier.*

221 *Marché sur une place publique.*

H. 0,10. — L. 0,16. B. — C. F.

222 *Autre marché, où l'on vend des fruits.*

Pendant du précédent.

STEINHEL (Louis-Charles-Auguste), *peintre vivant, né à Strasbourg, élève de* Decaine *et de* David d'Angers.

223 *La jeune mère.*

H. 0,30. — L. 0,25. T. — Acq. 1847.

STELLA (Jacques), *né à Lyon en 1596, mort à Paris en 1657.*

On ne connaît pas son maître, mais on sait qu'à l'âge de 20 ans, il alla en Italie, où il se lia avec Le Poussin, dont il reçut les conseils. Il revint en France en 1634, et fut nommé peintre du roi, qui le fit chevalier de l'ordre de Saint-Michel. Les ouvrages de son bon temps sont d'un goût excellent, gracieux et moelleusement peints; ils sont doués de cette grâce divine qui convient aux sujets religieux. On raconte qu'ayant été emprisonné en Italie, sur de fausses accusations, Stella dessina sur le mur, avec du charbon, une Vierge qui passait pour un chef-d'œuvre, et qui lui valut sa liberté. Pendant longtemps, les prisonniers allaient s'incliner devant cette image, et y entretenaient une lampe allumée.

224 *Assomption.*

Signé : Jacobus Stella Lugd. 1627 ou 1625.

H. 3 m. — L. 1,66. T. — C. C[t].

225 *Danse de paysans au son de la cornemuse.*

A été gravé.

H. 0,24. — L. 0,30. T. — C. C[t].

STEUBEN (Charles), *né à Manheim en 1791,*

mort à *Paris* en 1857, *élève de* Robert Lefèvre et de Gérard.

226 *La Esmeralda.*

Signé : Steuben, 1839.

H. 1,95. — L. 1,44. — Forme ogivale.

« Quasimodo lui ménagea un refuge dans les tours de Notre-Dame ; il orna cet asile de tout ce qu'il put se procurer.
....
» Il veillait sans cesse sur elle, mais n'osait s'offrir à sa vue, pensant que l'amour secret dont il brûlait pour elle ne pourrait lui faire obtenir grâce pour sa difformité.
....
» Au moment où la pensée de son isolement lui apparaissait ainsi, plus poignante que jamais, elle sentit une tête velue et barbue se glisser dans ses mains, sur ses genoux. Elle tressaillit (tout l'effrayait maintenant), et regarda. C'était la pauvre chèvre, l'agile Djali, qui se répandait en caresses à ses pieds depuis près d'une heure, sans pouvoir obtenir un regard. L'Egyptienne la couvrit de baisers....
— « Oh! Djali, disait-elle, comme je t'ai oubliée; tu songes donc toujours à moi! Oh! tu n'es pas ingrate, toi! »

(Victor Hugo. — *Notre-Dame-de-Paris.*)

Gravé par Jazet père.

C. U. de S.-B.

227 *Une odalisque.*

Elle appuie sa tête sur sa main gauche et

paraît absorbée par la contemplation d'un objet qu'elle regarde en souriant.

Signé : STEUBEN. 1836.

H. 0,62. — L. 0,51. — Fig. à mi-corps. T. — C. Cl. de F.

M. STEUBEN a reproduit plusieurs fois ce sujet, qui obtint un grand succès lors de son apparition.

228 *La liseuse.*

Elle soutient sa tête de la main droite, et semble réfléchir au contenu d'un livre ouvert sur ses genoux.

Signé : STEUBEN. 1829.

H. 0,62. — L. 0,50. Fig. à mi-corps. T. — C. Cl. de F.

SUBLEYRAS (PIERRE), *né à Uzès en 1699, mort à Rome en 1749.*

SUBLEYRAS fut d'abord élève de son père, puis il alla à Toulouse chez *Antoine Rivalz.* Ses progrès rapides lui ayant permis d'entreprendre, fort jeune encore, des travaux qui lui firent honneur, il se rendit à Paris pour concourir au grand prix de peinture. Il lui fut décerné d'une voix unanime. Subleyras fut envoyé à Rome comme pensionnaire du roi, et resta en Italie jusqu'à sa mort. Il exécuta, pour Saint-Pierre de Rome, *l'évanouissement de l'empereur Valence à l'offrande d'une messe dite par Saint-Bazile.* Benoît XIV fut si content de ce tableau, qu'il en ordonna l'exécution en mosaïque pour l'autel de Saint-Bazile. Les ouvrages de Subleyras respirent l'esprit et la sensibilité. Son exécution est facile et son coloris agréable et harmonieux.

229 *L'Ermite.*

Sujet tiré d'un conte de Lafontaine.

H. 0,35. — L. 0,28. T. — C. Cl. de F.

Le Papelard contrefait l'étonné.
Tout en tremblant la veuve lui découvre,
Non sans rougir, le cas comme il était.
A six pas d'eux la fillette attendait
Le résultat, qui fut que notre ermite
Les renvoya. . . . .
Je crains, dit-il, les ruses du malin :
Dispensez-moi; le sexe féminin
Ne doit avoir en ma cellule entrée.

(LAFONTAINE.)

Ce tableau est la répétition exacte, quant à la composition, d'un ouvrage du même maître qui se trouve au Louvre.

D'après lui :

230 *Théodose à genoux.*

Copie de la figure principale du tableau de *Théodose recevant l'absolution de saint Ambroise.* (Musée du Louvre.)

H. 0,41. — L. 0,33. T. — C. C^t.

TANNEUR, *peintre vivant.*

231 *Marine,* mer calme.

Signé : TANNEUR.

H. 0,135. — L. 0,255. B. — C. Cl. de F.

TAUNAY (NICOLAS-ANTOINE), *né à Paris en* 1775, *mort en* 1830.

Il était élève de *Casanova,* et fut membre de l'Institut.

232 *Henri IV et Sully après la bataille d'Ivry.*

H. 0,76. — L. 0,98. T. — C. U. de S.-B.

« Henri IV, chassant dans les plaines de Bouvron,
» le lendemain de la bataille d'Ivry, aperçoit tout
» à coup un cortége ; c'était celui de Sully, qui,
» blessé grièvement dans cette mémorable journée,
» se faisait transporter sur un brancard à sa terre de
» Rosny. Henri le reconnaît, se dirige en hâte vers
» lui, le serre dans ses bras, et lui prodigue les
» marques de l'estime et de l'amitié qu'il conserva
» toute sa vie pour ce serviteur à toute épreuve. »

TOCQUÉ (Louis), *né à Paris en 1696, mort au Louvre en 1772.*

Son père, peintre d'architecture, lui donna pour maître, Nicolas Bertin. Ses progrès furent rapides et il devint un habile peintre de portraits. Il fut conseiller à l'Académie. Il peignit la reine, le dauphin et la dauphine, et, sa réputation s'étant étendue à l'étranger, il fut mandé à Saint-Pétersbourg pour faire le portrait de l'impératrice, puis à Stockholm et en Danemark où il exécuta les portraits de toute la famille royale. Son dessin est correct, son coloris vrai, sa touche légère et spirituelle. Il rendait avec habileté le brillant des étoffes d'or et d'argent, le chatoiement des soieries ainsi que les broderies.

233 *Portrait d'une dame en costume du milieu du XVIIIe siècle.*

H. 0,80. — L. 0,54. T. — Acq.

TOULMOUCHE (Auguste), *peintre vivant, né à Nantes (Loire-Inférieure), élève de* Gleyre.

234 *La leçon de lecture.*

Diamètre : 0,77. Rond. T. — Acq. 1854.

TOURNIÈRES (ROBERT), *né à Caen en 1668, mort en 1752.*

Tournières reçut ses premières leçons de frère Lucas de La Haye. Il se rendit très-jeune à Paris et entra dans l'atelier de Bon-Boulongne. Il se fit remarquer comme peintre d'histoire et de portraits; mais il abandonna de bonne heure la grande peinture pour exécuter en petit des portraits historiés et des sujets de caprice, dans le genre de Scalken et de Gérard Dow, dont il cherchait à imiter la manière. Il fut reçu membre de l'Académie de peinture, en 1716, en qualité de peintre d'histoire, mais il se brouilla avec ses confrères et cessa d'assister aux séances. Il se retira à Caen et ne peignit plus.

235 *Portraits en pied d'une nombreuse famille groupée dans un paysage.*

Au fond on aperçoit un château.

Signé : R. Tournières.

H. 0,98. — L. 0,62. B. — C. C^t.

236 *Portraits de famille en pied, dans un riche salon ouvrant sur un jardin.*

Signé : R. Tournières.

H. 0,62. — L. 0,98. T. — C. C^t.

237 *Portraits de famille en pied, dans un paysage.*

Signé : R. Tournières.

H. 0,62. — L. 0,98. T. — C. C^t.

238 *Portraits de la famille de Maupertuis.*

Les personnages sont habilement groupés

à la fenêtre d'un palais; le soubassement de la fenêtre est orné d'un bas-relief que recouvre un riche tapis de Turquie.

Signé : R. TOURNIÈRES. 1715.

H. 0,71. — L. 0,53. B. — C. Cl. de F.

Pierre-Louis-Moreau de Maupertuis, géomètre, né en 1698 à Saint-Malo, est une de nos illustrations bretonnes. Il entra à l'Académie des sciences à 25 ans, voyagea pour s'instruire et se lia avec les hommes les plus distingués, tels que Voltaire, Bernouilli, La Condamine, etc. Il fut nommé en 1736, par Maurepas, chef de l'expédition envoyée au Pôle pour y mesurer un degré. Il fut reçu en 1743 à l'Académie française. Le roi de Prusse Frédéric II le nomma président de l'Académie de Berlin, où il se fixa pendant quelque temps. Il y eut de violents démêlés scientifiques avec Kœnig, membre de cette Académie, et, par suite, avec Voltaire. Il mourut à Bâle en 1759.

TRIMOLET (ANTHELME), *né à Lyon en 1798, élève de* Révoil.

239 *Portrait d'homme, en buste.*

Signé : TRIMOLET, de Lyon, à Léopold. Nov. 1835.

H. 0,230. — L. 0,175. B. — C. Cl. de F.

ULRICH (J.), *peintre vivant.*

240 *Paysage, vue de Suisse.*

Signé : J. ULRICH.

H. 0,24. — L. 0,32. B. — C. U. de S.-B.

VALENTIN, *né à Coulommiers, en Brie, en 1600, mort à Rome en 1634.*

On possède peu de renseignements sur l'histoire de ce peintre. On croit même que *Valentin* n'est que son prénom. D'après de curieux documents publiés par M. Charles Blanc, son vrai nom serait *de Boullongne* et sa famille qui existe encore à Coulommiers, aurait conservé une sorte de fierté de sa parenté avec le peintre Valentin. Après avoir étudié en France, il se rendit à Rome où il s'inspira évidemment des ouvrages du Caravage. Il se lia avec Le Poussin et fut protégé par le cardinal Barberini qui lui fit obtenir des travaux importants. Valentin mourut très-jeune à la suite d'une imprudence occasionnée par ses dérèglements. Il a cependant laissé des œuvres remarquables qui, malgré le mauvais choix des modèles, excitent l'admiration et le placent très-haut dans l'art. De grandes et fortes ombres, des lumières vives et resserrées, des expressions fortes quoique souvent triviales, donnent à ses tableaux un effet saisissant.

241 Souper des pèlerins d'Emmaüs.

H. 1,95. — L. 1,46. T. — C. C^t.

VERNET (Claude-Joseph), *né à Avignon en 1714, mort à Paris en 1789.*

Antoine Vernet, son père, habile peintre décorateur, lui enseigna les premiers éléments de l'art. A 18 ans il partit pour l'Italie, et l'aspect de la mer l'impressionna si vivement que, dès lors, sa vocation fut fixée. Pendant une tempête furieuse qu'il éprouva dans la traversée, il se fit attacher au grand mât du navire pour mieux observer les effets de la tourmente qui se gravèrent à jamais dans son esprit. Arrivé à Rome, il entra dans l'atelier de Bernardino Fergioni, peintre de marines, qu'il surpassa bientôt. Il peignit des paysages pour le palais Rondamini et la galerie Farnèse, dans le sentiment de

Salvator Rosa, qui fut sa première manière. En 1753, Joseph Vernet revint en France. Il fut reçu membre de l'Académie, et le roi lui commanda la suite des ports de France qu'il exécuta dans l'espace de neuf années, indépendamment d'un grand nombre d'autres tableaux. Vernet sut rendre la nature avec une touche facile, et d'une manière large et vraie. Il eut l'art de donner un grand intérêt à ses tableaux par des compositions animées et par un style noble et élevé. Volaire et Lacroix furent ses élèves.

On lui attribue :

242 *Marine, coup de vent.*

Plusieurs embarcations viennent se briser contre un rocher.

H. 0,71. — L. 0,95. T. — C. C^t.

243 *Marine, vue entre deux rochers.*

On croit cette étude peinte en Italie, lorsque Vernet cherchait la manière de Salvator Rosa.

H. 0,97. — L. 0,76. T. — C. C^t.

VERNET (Horace), *peintre vivant, né à Paris en 1789, membre de l'Institut, élève de son père* Carle Vernet.

244 *Abraham renvoyant Agar et Ismaël.*

« Abraham se leva donc dès le point du jour, prit
» du pain et un vaisseau plein d'eau, le mit sur
» l'épaule d'Agar, lui donna son fils et la renvoya. »

(Genèse, chap. XXI, vers. XIV.)

Ce tableau, peint pour le comte Alphonse de Feltre, a été gravé par Jazet.

Signé : H. Vernet. 1837.

H. 0,80. — L. 0,65. T. — C. Cl. de F.

245 *Les morts vont vite.*

Signé : H. Vernet. 1839.

« Et Lénore à cheval s'élance d'un seul bond;
» au corps du cavalier ses mains blanches s'enla-
» cent. L'ardent coursier s'élance échevelé.... ses
» fers arrachent aux cailloux des aigrettes d'é-
» clairs.... La lune brille! Hourra! les morts vont
» vite! »

(Burgen, *ballade de la Lénore.*)

H. 0,61. — L. 0,51. T. — C. U. de S.-B.

VIGNON (Claude-François), *né à Tours en* 1593, *mort en* 1670.

Il suivit d'abord la manière du *Caravage*, ce qui le conduisit à une exécution expéditive, nuisible à sa réputation. Ses tableaux, d'un effet piquant dans leur fraîcheur, n'ont pas toujours conservé cette qualité en vieillissant, et on reproche à ses conceptions peu de vraisemblance dans les idées et dans la forme.

246 *Jésus lavant les pieds de ses disciples.*

Signé : C. Vignon. 1633.

H. 1,17. — L. 0,88. T. — C. C^t.

VOLAIRE (Le Chevalier), *né à   mort à Naples au commencement du* XIXe *siècle.*

Il fut élève de *Joseph Vernet*. Il acquit une grande célébrité par le talent avec lequel il peignait les éruptions du Vésuve. Il s'était exclusivement voué à ce genre de peinture, et ses tableaux sont les seuls qui rendent avec vérité les sublimes et terribles effets de ce volcan.

247 *Éruption du Vésuve en 1717, et vue de Portici.*

Le site, le costume des habitants, leur terreur et leur dévotion à Saint-Janvier, sont rendus avec vérité.

Signé : Le Chevalier VOLAIRE.

H. 1,30. — L. 2,27. T. — C. C^t.

VOUET (SIMON), *né à Paris en 1590, mort en 1649.*

Il fut élève de *Laurent Vouet*, son père, qui prit un soin extrême de son éducation. M. de Sancy l'emmena dans son ambassade à Constantinople, et le fit passer en Italie, où il resta 14 ans. A Venise, il étudia les ouvrages du Titien et de Paul Veronèse, et à Rome ceux du Caravage, de Valentin, et, enfin, ceux du Guide. Il jouissait dans cette ville d'une grande considération, et y fut nommé prince de l'Académie de Saint-Luc. A son retour, il obtint les faveurs de Louis XIII qui lui accorda une pension considérable et un logement au Louvre. Vouet avait un pinceau facile et une imagination abondante, et les tableaux de son bon temps sont étudiés avec soin et peints avec vigueur; mais, surchargé de commandes, il tomba dans la manière, et la nécessité de satisfaire à des travaux très-nombreux lui fit adopter une méthode expéditive, souvent sèche et heurtée. Dans ces derniers ouvrages, son dessin est maigre, son coloris factice, et ses expressions équivoques. Malgré ces défauts, les meilleurs peintres du XVIIe siècle se formèrent à son école. Il eut pour élèves : Lebrun, Lesueur, Mignard, Testelin et beaucoup d'autres.

248 *Apothéose de saint Eustache.*

H. 2,60. — L. 2,33. T. — G^t. 1809.

249 *La Paix*, figure allégorique.

H. 1,63. — L. 1,30. T. — G^t. 1804.

250 *Salutation angélique.*

H. 0,51. — L. 0,38. T. — C. C^t.

VOUET (Aubin), *né à Paris en 1599, mort en 1641.*

Il était frère et élève du précédent, qu'il aidait dans ses travaux.

251 *Un moine ressuscitant un mort.*

H. 1,52. — L. 1,14. T. — G^t. 1809.

ZIEGLER (Claude-Jules), *né à Langres (Haute-Marne), mort en 1856.*

252 *Daniel dans la fosse aux lions.*

(*Deus meus Angelum misit et conclusit Leonum ora.*) Liv. de Daniel, chap. 6, verset 22.

H. 3. m. — L. 2,16. T. — Acq. 1838.

WATEAU (Antoine), *né à Valenciennes en 1684, mort à Nogent, près de Paris, en 1721.*

Son père, maître couvreur, voyant son goût prononcé pour les arts, le confia à un peintre, son voisin. Il entra ensuite chez un décorateur, qui l'emmena à Paris pour l'aider dans les peintures de l'Opéra, et c'est peut-être à cette circonstance qu'il dut le choix du genre dans lequel il s'est distingué. Il se lia alors avec Gillot qui, reconnaissant ses heureuses dispositions, le prit sous son patronage et le recommanda à Audran. Quelque temps après, il concourut pour le grand prix de peinture, et on le lui décerna d'une voix unanime; mais le brevet de pensionnaire lui ayant été refusé, Lafosse le vengea de cette injustice en le faisant élire académicien, sous le titre de *Peintre des fêtes galantes*. A partir de cette époque, sa réputation alla toujours croissant, et il put à peine suffire aux nombreuses demandes de ses admirateurs. Les compositions de Wateau, toujours si gracieuses, séduisent encore par la fraîcheur et l'harmonie d'un coloris ferme et puissant. Ses figures sont remplies de souplesse et de légèreté, et ses fonds de paysages admirablement composés.

On lui attribue :

253 *Portrait de femme coiffée d'un voile blanc, et portant un mantelet de soie rayée.*

H. 1,06. — L. 0,73. T. — C. C^t.

254 *Arlequin dans une cariole, traînée par un âne, rencontre Pantalon, Pierrot et Colombine.*

Cet ouvrage paraît être de l'époque où il travaillait chez Gillot.

H. 0,62. — L. 0,82. T. — C. C^t.

D'après lui :

255 *Fantassins en marche.*

L'original est gravé par Audran.

H. 0,54. — L. 0,47. T. — C. F.

ARTISTES INCONNUS.

256 *Portrait de Graslin, né à Tours, mort à Nantes en 1789, à 63 ans, créateur du quartier qui porte son nom.*

Donné au Musée par son fils.

H. 0,34. — L. 0,27. Ovale. T.

257 *Portrait d'homme portant un vêtement de satin noir, garni de dentelle, avec un riche rabat.*

H. 0,66. — L. 0,54. T. — C. C^t.

258 *Autre portrait d'homme du même peintre et formant pendant.*

H. 0,66. — L. 0,54. T. — C. C^t.

259 *Portrait d'une dame de l'époque de Charles IX.*

H. 0,30. — L. 0,21. B. — C. C^t.

260 *Portrait d'un jeune prince.*

Sa robe est couverte de pierreries, et ses cheveux sont ornés de perles.

H. 0,30. — L. 0,21. T. — C. C^t.

261 *Portrait du cardinal Mazarin*, d'après Mignard.

H. 0,59. — L. 0,53. — C. C^t.

262 *Jeune femme arrangeant des fleurs dans un vase.*

Fond de paysage, orné d'un monument d'architecture.

H. 0,62. — L. 0,50. T. — C. C^t.

263 *Dame jouant aux cartes avec des militaires qui la filoutent, tandis qu'une autre dame pince de la harpe.*

Effet de lumière.

Ce tableau paraît sortir de l'école de Nancy, d'un contemporain de Jacques Callot.

H. 0,16. — L. 0,21. T. — C. C^t.

264 *Portrait d'une dame en buste.*

Peint dans la manière de Tournières.

H. 0,90. — L. 0,66. T. — C. C^t.

265 *Vue d'un port de la Méditerranée au soleil couchant.*

H. 0,74. — L. 0,98. T. — C. C^t.

266 *Vue d'un port de la Méditerranée au soleil levant.*

H. 0,79. — L. 0,62. T. — C. C^t.

267 *Petite marine.*

On carène une galère, esquisse.

H. 0,33. — L. 0,41. T. — C. C^t.

268 *Sainte Thérèse, en extase, et près de recevoir le trait de l'amour divin.*

H. 0,54. — L. 0,70. T. — C. C^t.

269 *L'Ange gardien.*

Un jeune enfant prêt à quitter la terre sous la conduite d'un Ange, est effrayé par Satan, qui voudrait le saisir.

H. 1 m. — L. 0,85. T. — C. C^t.

270 *Portrait de Gaston de Renty.*

H. 0,350. — L. 0,297. B. — C. C^t.

271 *Grand Paysage.*

Chasse au cerf dans une forêt; personnages costumés historiquement, ébauche.

H. 1,67. — L. 1,40. T. — C. C^t.

272 *Portrait d'un magistrat du temps de Louis XIV.*

H. 0,81. — L. 0,65. T. — C. C^t.

273 *Henri IV et sa famille, entourés de courtisans, sont à table sous un baldaquin, dans la forêt de Fontainebleau.*

Carré d'1 mètre. T. — C. C^t.

ÉCOLE FRANÇAISE.

274 *Portrait d'une dame de la cour de Louis XIV; manches à volants de dentelle.*

H. 0,76. — L. 0,65. T. — C. C^t.

275 *Portrait d'une jeune femme blonde, de la cour de Louis XIV, ayant des fleurs dans les cheveux.*

H. 0,76. — L. 0,65. T. — C. C^t.

276 *Portrait d'une jeune femme brune.*

H. 0,76. — L. 0,65. T. — C. C^t.

277 *Portrait d'une femme sur le retour.*

Un voile noir couvre en partie ses cheveux.

H. 0,38. — L. 0,32. T. — C. C^t.

278 *Pape écrivant un ouvrage.*

Un Ange tient sa croix papale.

H. 1,354. — L. 0,976. T. — C. C^t.

279 *L'Ange indiquant à Agar une source d'eau vive.*

H. 0,243. — L. 0,324. B. — C. C^t.

280 *Sainte Agnès.*

Tableau rond, de 0,15. B. — C. C^t.

5

281 *Portrait de Diane de Poitiers.*

Costume de cour très-riche. On y remarque le chiffre ∧ avec)(sur la robe.

H. 0,70. — L. 0,60. En buste, gr. nat. T. — C. C^t.

282 *Portrait de François II enfant.*

H. 0,50. — L. 0,40. T. — C. C^t.

283 *Portrait de Charles IX enfant.*

H. 0,62. — L. 0,50. T. — C. C^t.

284 *Portrait d'une jeune fille peintre.*

Tableau moderne, appartenant à l'école de la fin du XVIIIe siècle.

H. 0,23. — L. 0,17. C. — C. C^t.

285 *Jeune femme tenant un vase de fleurs et sentant un œillet.*

H. 1,14. — L. 0,87. T. — C. C^t.

286 *Grand paysage.*

Un chemin circule sous des arbres; personnages.

H. 0,98. — L. 1,30. T. — C. C^t.

287 *Tête d'homme à barbe et cheveux noirs, d'une expression énergique.*

H. 0,46. — L. 0,40. T. — C. C^t.

288 *Saint Vincent-de-Paul tenant ses fers.*

H. 0,11. — L. 0,08. C. Octogone. — C. C^t.

ÉCOLE FRANÇAISE.

289 *Portrait de Philippe Duplessis-Mornay.*

H. 0,58. — L. 0,48. B. — C. C^t.

290 *Portrait d'un enfant de France portant le cordon bleu.*

H. 0,160. — L. 0,135. T. — C. C^t.

291 *Berger endormi, bœufs, moutons,* etc.

H. 0,216. — L. 0,324. T. — C. C^t.

292 *Paysage avec figures.*

C. C^t.

293 *Vue de Rome.*

Arc de Titus, avec le couvent de saint François et une partie du Colisée dans le fond.

294 *Vue de Rome.*

Ruines du temple de la Paix.

Pendant du précédent.

H. 0,70. — L. 0,92. T. — C. C^t.

295 *Aras rouge sur son bois.*

Fond de paysage.

H. 0,50. — L. 0,76. T. — C. C^t.

296 *Pèlerins, joueurs de vielle,* etc. (D'après Callot.)

H. 0,653. — L. 0,40. T. — C. C^t.

297 *Gueux, mendiant.*

Pendant du précédent.

298 *Tête de sacrificateur,* étude.

H. 0,44. — L. 0,35. T. — C. C^t.

299 *Sainte Famille en repos.*

Saint Joseph et un Ange cueillent des fruits pour l'Enfant Jésus.

H. 0,653. — L. 0,490. T. — C. C^t.

300 *Scènes de la rue Quincampois, sous la Régence,* système de Law.

301 *Scènes populaires de carnaval.*

Pendant du précédent.

H. 0,60. — L. 0,70. T. — C. C^t.

302 *Sauteurs et danseurs de corde à la foire Saint-Germain.*

H. 0,65. — L. 0,49. T. — C. C^t.

303 *Polonais offrant un écrin à une jeune femme.*

Effet de lumière.

H. 0,40. — L. 0,43. T. — C. C^t.

ÉCOLE FRANÇAISE.

304 *Saint Joseph tenant entre ses bras l'Enfant Jésus, qui porte une fleur de lis à la main.*

H. 0,70. — L. 0,62. T. — C. C^t.

305 *Plusieurs croquis dans le même cadre.* Costumes de Louis XV.

Carré, 0,49. T. — C. C^t.

306 *Portrait de jeune homme.*

Cravate blanche, armure et écharpe rouge.

H. 0,65. — L. 0,49. T. — C. C^t.

307 *Samson, endormi près de Dalila.*

H. 0,65. — L. 0,49. T. — C. C^t.

308 *Le triomphe d'Alexandre.*

Copie d'après Lebrun. (Est à l'Hôtel-de-Ville.)

H. 0,68. — L. 0,92. T. — C. C^t.

309 *Sainte Agathe.*

Elle présente l'instrument de son martyre.

H. 0,41. — L. 0,30. T. — C. C^t.

310 *Saint Alexis.*

H. 0,976. — L. 0,82. T. — C. C^t.

311 *Portrait de Ruyter.*

H. 0,90. — L. 0,73. T. — C. C^t.

312 *Paysan ouvrant un sac.*

H. 0,35. — L. 0,43. T. — C. C^t.

313 *Allégorie de la fragilité des choses humaines.*

Une femme, demi-nue et couchée, présente une tête de mort qu'entoure un serpent, symbole de l'éternité. Un enfant, assis près d'elle, souffle des bulles de savon.

H. 0,27. — L. 0,40. T. — C. C^t.

314 *Saint Roch.*

H. 0,43. — L. 0,35. T. — C. C^t.

315 *Portrait de femme blonde*, draperie rouge.

H. 0,324. — L. 0,324. T. — C. C.

316 *Tête de jeune homme, coiffée d'une toque; manteau blanc.*

H. 0,62. — L. 0,48. T. — C. C^t.

317 *Portrait d'une femme blonde, vêtue d'hermine avec des bijoux de perles.*

H. 0,73. — L. 0,60. T. — C. C^t.

318 *Sainte Catherine-de-Sienne méditant sur un crucifix, posé sur une tête de mort au pied d'un lis.*

H. 0,70. — L. 0,976. T. — C. C^t.

ÉCOLE FRANÇAISE.

319 *Paysage. Vénus et Adonis.*
Imitation de l'Albane.
H. 0,59. — L. 0,81. T. — C. C^t.

320 *La Justice divine foudroyant le crime.*
H. 0,64. — L. 0,40. T. — C. C^t.

321 *La charité romaine.*
H. 0,85. — L. 1,10. T. — C. C^t.

322 *Ange tenant une branche de lis.*
H. 0,28. — L. 0,20. T. — C. C^t.

323 *Vierge, les mains jointes.*
H. 0,28. — L. 0,20. Ovale. T. — C. C^t.

324 *Ange.*
H. 0,28. — L. 0,20. Ovale. T. — C. C^t.

325 *Un chien taché de jaune.*
H. 0,50. — L. 0,40. T. — C. C^t.

326 *Portrait d'un architecte.*
H. 0,65. — L. 0,50. — T. — C. C^t.

327 *Des enfants s'amusant à voir danser des marionnettes.*
H. 0,45. — L. 0,65. T. — C. C^t.

ÉCOLE FRANÇAISE.

328 *Portrait d'un homme d'épée, cuirassé, et décoré de l'ordre de Saint-André, de Russie.*

On l'attribue à Vanloo (Louis-Michel), peintre du siècle dernier.

H. 0,90. — L. 0,71. T. — C. Ct.

329 *Une dame de la cour de Louis XV, en buste.*

H. 0,11. — L. 0,09. C. Ovale. — C. Cl. de F.

330 *Paysannes suisses au bord de l'eau.* (Cru de Carle Girardet.)

H. 0,25. — L. 0,19. T. — C. Cl. de F.

331 *Intérieur d'une chaumière.*

H. 0,055. — L. 0,075. B. — C. Cl. de F.

ÉCOLE ITALIENNE.

ALBANI (Francesco), *né à Bologne en 1578, mort en* 1660. (Ecole Bolonaise.)

L'Albane, fils d'un riche marchand de soie de Bologne, fut d'abord destiné au commerce; mais ses dispositions précoces pour la peinture décidèrent son père à le placer dès l'âge de treize ans, chez Denis Calvaert. Là, il contracta avec le Guide une amitié intime, qui, plus tard, cependant, ne résista pas à la rivalité. Il suivit son ami dans l'école des Carraches où ses progrès furent tels, qu'il put bientôt aider Annibal dans ses peintures de la galerie Farnèse, et le Guide dans ses fresques de Monte Cavallo. Après un long séjour à Rome, il revint à Bologne, où il se maria. Enfin, il mourut à l'âge de 82 ans, les pinceaux à la main, dans les bras de ses élèves, dont les principaux furent : les deux Mola, Girolamo Borini, Carlo Cignani, Gio-Maria Galli dit le Bibiena, etc. Les vastes et sérieuses compositions de l'Albane, peu connues en France, ont moins contribué à sa renommée que ses gracieux tableaux, où il introduisait des femmes et des enfants pour lesquels il trouvait de parfaits modèles dans sa propre famille.

332 *Saint Jean baptisant Jésus-Christ dans les eaux du Jourdain.*

Ce beau tableau était autrefois à Modène.

H. 3 m. — L. 2 m. T. — G^t. 1809.

D'après lui :

333 *Diane, surprise au bain par Actéon, le change en cerf.*

Copie d'un tableau du Louvre.

H. 0,38. — L. 0,68. T. — C. C^t.

De son école :

334 *Narcisse se mirant dans une fontaine.*

Plus loin, on voit deux nymphes qui se moquent de lui, et l'amour qui s'envole.

H. 0,33. — L. 0,45. T. — C. C^t.

ALLEGRI (Antonio), dit **LE CORREGE**, *né à Corregio, duché de Modène, en 1494, mort en 1534.* (Ecole lombarde.)

On a peu de détails certains sur la vie de cet illustre artiste; on sait seulement que son père, marchand aisé, lui fit donner une éducation soignée. Mais, quel que soit le nom de son maître, qui est resté inconnu, Antonio fit des progrès si rapides, qu'à 20 ans il exécutait des travaux importants qui contribuaient déjà puissamment à sa célébrité. Aucun peintre n'a poussé plus loin que le Corrége la grâce de l'expression, la magie du clair-obscur, la suavité de l'exécution, l'audace des raccourcis. « Seul » entre tous, a dit Annibal Carrache, il est original. » Ses tableaux sont les enfants de sa pensée, de sa » conception; il a tout tiré de sa tête et inventé par » lui-même, etc. »

On lui attribue :

335 *L'Amour brisant son arc.*

H. 0,36. — L. 0,29. T. — Acq. 1849.

D'après lui :

336 *Léda*. Copie d'une portion du tableau original.

H. 0,70. — L. 0,57. Ovale. T. — C. C^t.

AMERIGHI (Michel-Angiolo), dit LE CARAVAGE, *né à Caravaggio, près de Milan, en 1569, mort à Porto-Ercole en 1609.* (École lombarde.)

Caravage apprit à peindre en aidant son père, qui était maçon, à préparer les murs des peintures à fresques. Il ne prit conseil d'aucun maître et se borna à copier la nature sans choix. Il étudia à Venise les œuvres du Giorgion. A Rome, il aida le chevalier d'Arpino, mais son caractère farouche et envieux l'en rendit bientôt l'ennemi. Sa manière extraordinaire et sa couleur vigoureuse que l'on opposa aux tons clairs et légers du Guide, lui valurent une vogue immense. Forcé de fuir après avoir commis un meurtre, il se réfugia à Naples, puis à Malte, où il fut reçu chevalier. Mis en prison pour insultes à son supérieur, il s'échappa et traversa, en laissant partout de ses ouvrages, Syracuse, Messine, Palerme, et, enfin, Naples, et il mourut en retournant à Rome. Le Caravage a peint, avec une égale supériorité, l'histoire, le portrait, le genre et même les fleurs. Ses peintures ont un relief extraordinaire et une grandeur étrange qui font oublier leurs défauts. Il exerça une grande influence sur son époque. Ribera, Le Guerchin, Manfredi, Le Valentin, Spada, etc., étudièrent ses ouvrages ou furent ses élèves ou ses imitateurs.

337 *Saint-Pierre délivré de prison par un ange.*

H. 1,27. — L. 1,50. T. — C. C^t.

338 *Portrait du Caravage.* Peint par lui-même.

Il est à demi-nu et se dispose à peindre.

H. 1,65. — L. 1,16. T. — C. C^t.

339 *Apollon couronné de lauriers*, demi-figure.

H. 0,62. — L. 0,46. T. — C. C^t.

On lui attribue :

340 *Reniement de Saint-Pierre.*

La servante de Pilate accuse Saint-Pierre; deux soldats le menacent de leur hallebarde, quoiqu'il affirme n'être point de la suite de Jésus.

H. 1,27. — L. 1,50. T. — C. C^t.

D'après lui :

341 *Couronnement d'épines.*

H. 1,33. — L. 2 m. T. — C. C^t.

342 *Un flûteur champêtre.* Demi-figure.

H. 0,92. — L. 1 m. T. — C. C^t.

ANGELI (Filippo d'), dit LE NAPOLITAIN, *né à Rome vers 1600, mort en 1660.* (Ecole romaine.)

Il fut élève de son père, et son séjour à Naples, pendant son enfance, le fit surnommer *Napolitain*. Après la mort de son père, il s'établit à Rome, et fut très-employé à décorer les palais de cette ville et les maisons de campagne des environs. Il a peint des batailles, des paysages, des sujets de genre et des vues de monuments avec des figures.

343 *Bataille. Choc de cavalerie.*

H. 0,27. — L. 0,43. T. — C. C^t.

344 *Autre bataille.*

Pendant du précédent.

ARETUSI (ou MUNARI-DEGLI-ARETUSI-CESAR), *né à Modène en   , mort en 1612.*

Il se forma à Bologne en copiant Bagnacavallo, et il imita le Corrége avec beaucoup de bonheur.

On lui attribue :

345 *Les trois Grâces.*

H. 2 m. — L. 1,50. T. — C. C^t.

BARBARELLI (Giorgion), dit LE GIORGION, *né à Castel-Franco en 1477, mort à Venise en 1511.* (Ecole vénitienne.)

Giorgion peut être considéré, avec Le Titien, son compagnon et son rival, comme le fondateur de l'école vénitienne. Il eut pour maître *Giovanni Bellini*, et l'on pense que la vue des peintures de Léonard de Vinci contribua à développer en lui cette vigueur et cette simplicité du modelé, cette justesse du ton local et cette connaissance profonde du pouvoir des oppositions qu'on remarque dans ses ouvrages. Ces qualités inconnues aux maîtres antérieurs, lui firent pousser l'art du coloris jusqu'aux dernières limites. Quoique mort très-jeune (à 33 ans), Giorgion a beaucoup produit; mais ses ouvrages authentiques sont maintenant excessivement rares. Sébastien del Piombo fut son élève.

On lui attribue :

346 *Portrait d'un noble vénitien, portant la main sur sa poitrine.*

H. 0,56. — L. 0,46. T. — C. C*t*.

De son école ou d'après lui :

347 *Le devin Tirésias se métamorphosant en femme.*

Ayant un jour vu deux serpents ensemble sur le mont Cythéron, il tua la femelle et fut sur le champ métamorphosé en femme. Sept ans après, il trouva deux autres serpents, tua le mâle et redevint homme aussitôt. Jupiter et Junon disputant un jour sur les avantages de l'homme et de la femme, prirent pour juge Tirésias, qui décida en faveur des hommes, mais il ajouta que les femmes étaient cependant plus sensibles. Jupiter lui donna la faculté de lire dans l'avenir; Junon le rendit aveugle.

H. 0,62. — L. 1,07. T. — Acq. 1850.

De son école :

348 *Saint-Sébastien tenant une flèche*, demi-figure.

H. 0,50. — L. 0,40. T. — C. C*t*.

349 *Portrait d'une femme vêtue de noir et tenant un crucifix.*

H. 0,51. — L. 0,35. T. — C. C*t*.

BARBIERI (Giovanni-Francesco), dit LE GUERCHIN, *né à Cento, près Bologne, en 1591, mort en 1666.* (Ecole bolonaise.)

Barbieri, surnommé le Guercino, parce qu'il était louche, reçut ses premières leçons de *Paolo Zagnoni*, puis de *Cremonini*. Il étudia ensuite les peintures de Louis Carrache, mais il n'entra pas dans son école. Il se créa une manière vigoureuse et particulière qui produisait beaucoup d'effet, et rendait dangereux pour ses rivaux le voisinage de ses œuvres. Ses succès furent si grands en Italie, qu'il refusa d'être premier peintre des rois de France et d'Angleterre. Après avoir séjourné à Rome, il retourna à Cento, où il avait fondé une Académie qui fut fréquentée par un grand nombre d'artistes italiens et étrangers. Guerchin travaillait vite et beaucoup; aussi, peu de peintres ont autant produit. Parmi ses élèves qui furent très-nombreux, on cite : les Gennari, Fulgensio Mondini, Gian-Baptista Pasqualini, qui a beaucoup gravé d'après son maître et a imité sa manière, etc.

350 *Phocion refusant les présents d'Alexandre.*

H. 1,92. — L. 2,22. T. — C. C^t.

351 *Saint-Pierre repentant.*

H. 1 m. — L. 0,71. T. — C. C^t.

D'après lui :

352 *Apollon écorchant Marsias.*

H. 1,46. — L. 1,46. T. — C. C^t.

On lui attribue :

353 *Joseph vendu par ses frères.*

H. 1,22. — L. 1,76. T. — C. C^t.

BARTOLOMMEO (Fra.) *del Fattorino*, dit BACCIO *della Porta*, ou Il Frate. *Né à Savignano, près de Florence, en 1469, mort à Florence en 1517.* (Ecole florentine.)

Il fut élève de *Cosimo Roselli*; mais il se forma surtout en étudiant Léonard de Vinci. Il se lia avec Mariotto Albertinelli, et ils exécutèrent ensemble beaucoup de travaux. Le fougueux prédicateur Fra Jeronimo Savonarola exerça sur lui une telle influence, qu'il jeta au feu tous ceux de ses ouvrages qui offraient quelques nudités, effrayé de la bataille qui eut lieu lorsque Seneravola tomba aux mains de ses ennemis dans le couvent de San-Marco, il fit vœu de prendre l'habit monastique, s'il échappait au danger. En effet, il entra, en 1500, dans l'ordre des frères prêcheurs, et, depuis lors, on ne le désigna plus que sous le nom de *Fra Bartolomeo* ou simplement du *Frate*. Il resta quatre ans sans s'occuper de peinture, et ne reprit ses pinceaux qu'à la sollicitation de ses amis. Il se livra alors au travail avec ardeur et fit, dans le style michelangesque, d'admirables tableaux. Sa santé ne put résister à cette extrême application, et il mourut à Florence à l'âge de 48 ans.

354 *Le Christ descendu de la croix.*

Copie faite par Dupré, élève à l'école de Rome, et envoyée par le Gouvernement.

H. 1,81. — L. 2 m. T. — G^t. 1833.

BASSAN : voir PONTE.

BENEFIALE (le chevalier Marco), *né à Rome en 1684, mort en 1764.* (Ecole romaine.)

Il eut pour maître *Bonaventura Lamberti*. Il fut regardé comme un des derniers artistes de l'école romaine qui se soit distingué, et il fit de grands efforts pour en arrêter la chute.

355 *Baptême d'un Saint*, esquisse.

H. 0,43. — L. 0,32. T. — C. C^t.

BERRETTINI (Pietro), *da Cortona,* dit PIETRE DE CORTONE, *né à Cortona, en* 1596, *mort à Rome en* 1669. (Ecole romaine.)

Il était à la fois peintre, architecte et écrivain. Son premier maître fut *Andrea Commodi.* A Rome, il entra à l'école de Baccio Ciarpi. Puis il étudia les ouvrages de Raphaël, de Michel Ange et les statues antiques. Il travailla pour Urbain VIII, et fit au palais Barberini un grand ouvrage, qui passe pour son chef-d'œuvre. Il voyagea ensuite en Italie, et exécuta partout un grand nombre de tableaux. Il jouit, de son vivant, d'une immense réputation, et laissa des richesses considérables. Romanelli, Ciro Ferri, Le Bourguignon et beaucoup d'autres sortirent de son école.

On lui attribue :

356 *Josué arrêtant le soleil, pour vaincre les Amalecites.*

H. 1,33. — L. 2,33. T. — C. C^t.

D'après lui :

357 *Sainte-Catherine d'Alexandrie,* esquisse.

Figure d'un de ses tableaux du Musée du Louvre.

H. 0,50. — L. 0,35. T. — C. C^t.

BONIFAZIO, *né à Vérone en 1491, mort en 1553.*

On lui attribue :

358 *Sainte Famille.*

H. 0,56. — L. 0,46. B. — C. C^t.

BONZEL, *de Parme.*

On lui attribue :

359 *Un chien flairant du gibier mort.*

H. 0,70. — L. 1 m. T. — C. C^t.

BRONZINO (ANGIOLO), *né à Florence vers 1502, mort en 1572.* (Ecole florentine.)

BRONZINO fut peintre, graveur et poète. Il eut pour maître *Jacopo Carrucci*, dit le *Pontormo*, qui l'aimait comme son fils. Il aida son maître dans presque tous ses travaux, et termina même ceux que ce dernier laissa inachevés en mourant. Dans ses principaux ouvrages, qui sont à Florence et à Pise, il chercha surtout le style de Michel-Ange. Il peignit aussi beaucoup de portraits, qui sont remarquables par la délicatesse et le fini.

360 *Portrait d'homme,*

Qu'on prétend être celui de Baccio Bandinelli, peintre florentin, le même qui fut accusé d'avoir détruit le fameux carton de Michel-Ange, la *Guerre de Pise.*

H. 0,35. — L. 0,24. Étain. — C. C^t.

CALABRÈSE. Voyez PRETI (MATTIA).

CALIARI (Paolo), dit Paul VERONÉSE, *né à Vérone en 1528, mort en 1588.* (Ecole vénitienne.)

Il apprit d'abord à modeler dans l'atelier de son père, sculpteur. Son oncle, Antonio Badile, lui donna les premières leçons de peinture, puis il copia assidûment les gravures d'Albert Durer et les dessins du Parmesan. Ses progrès furent rapides; après quelques travaux à Vérone, il fut appelé à Mantoue pour peindre plusieurs tableaux dans le dôme, et il finit par se fixer à Venise. Les premières peintures qu'il exécuta dans cette ville, le placèrent au rang le plus élevé, et, à la suite d'un concours pour les travaux du plafond de la Bibliothèque de Saint-Marc, ses rivaux lui décernèrent eux-mêmes la chaîne d'or destinée au vainqueur. Il accompagna à Rome l'ambassadeur de Venise, et la vue des ouvrages de Raphaël, de Michel-Ange et l'étude des antiques agrandirent et simplifièrent sa manière, sans lui ôter de sa grâce et de sa noblesse. A son retour, il fut tellement recherché, qu'il pouvait à peine suffire aux immenses travaux dont il fut chargé. « Son dessin, ferme et noble, qui procède par grands plans à la manière antique, dit M. Villot, le doux éclat de sa couleur argentine, la beauté et la grâce de ses têtes, la pompeuse magnificence de ses vastes compositions, enfin, l'art admirable et que lui seul possède à ce degré, de représenter, sans sacrifice apparent et sans confusion, de nombreuses figures enveloppées d'une atmosphère également lumineuse, toutes ces éminentes qualités font de Paul Véronèse un des plus rares génies dont la peinture puisse se glorifier. » Ses principaux élèves furent son fils Carlo, Parasio Michele, Luigi Benfatto, Maffeo Verona, etc.

361 *Général rendant compte d'une mission à son souverain.* Esquisse.

H. 0,27. — L. 0,37. T. — C. C^t.

A été gravé.

D'après lui :

362 *Les noces de Cana.*

Le Christ et la Vierge sont au centre d'une table en fer à cheval, entourée de nombreux convives. Les nouveaux époux occupent l'extrémité de la table, à gauche. Entre les deux parties en retour, des musiciens forment un concert. Derrière la table, un balcon élevé est occupé par des serviteurs qui découpent des viandes ou apportent des mets. Plus loin, des portiques garnis de spectateurs, et, au fond, un campanile.

Réduction exacte, mais malheureusement peinte sur une toile préparée en rouge, du tableau du Louvre, lequel était placé autrefois au fond du réfectoire du couvent de Saint-Georges, à Venise.

Dans cette vaste composition, l'habile peintre s'est plu à rappeler les traits des principaux personnages de son temps et de ses amis. Nous en citerons quelques-uns, d'après une tradition écrite, conservée dans le couvent de Saint-Georges. L'époux assis à gauche, à l'angle de la table, et à qui un nègre debout présente une coupe, serait don Alphonse d'Avalos, marquis du Guaste. L'épousée, derrière laquelle on aperçoit un fou, est Eléonore d'Autriche, sœur de Charles V et femme de François Ier qu'on voit lui-même auprès d'elle, bizarrement coiffé. Après lui, Marie, reine d'Angleterre, vêtue d'une robe jaune. Soliman Ier, empereur des Turcs, s'aperçoit après le prince nègre qui parle à un serviteur ; plus loin, Victoire Colonna, marquise de Pescaire, tient un cure-dents. Le personnage, à l'angle de la table, et vu de profil, est Charles V; il porte l'ordre de la Toison-d'Or. Vers le centre, et sur le devant du tableau, on voit, parmi les musiciens, les peintres vénitiens les plus renommés de son temps : il s'est peint lui-même en habit blanc, jouant de la viole; le Tintoret est derrière lui. De l'autre côté, on reconnaît le Titien, jouant de la basse; le vieux Bassan joue de la flûte. Enfin, Benoît Cagliari, frère de Paul Véronèse, debout et vêtu magnifiquement, tient une coupe remplie de vin.

Dans une note de Cacault, au sujet de ce tableau, on lit : *De la main de P. Véronèse, ou copié par son frère.*

H. 1,57. — L. 2,11. T. — C. C^t.

363 *Fragment du repas chez Lévi.*

Tableau du Louvre.

H. 0,72. — L. 0,49. T. — C. C^t.

364 *Mercure frappant Aglaure de son caducée.*

H. 2,60. — L. 1,63. T. — C. C^t.

365 *Le refus.*

H. 1,85. — L. 0,88. T. — C. C^t.

366 *Le dégoût.*

Pendant du précédent.

Les originaux de ces trois tableaux faisaient, dit-on, partie de l'ancienne collection du duc d'Orléans.

De son école :

367 *Portrait de femme ayant les cheveux rouges. Elle est vêtue d'une robe de velours noir ornée de bouillons en satin blanc, sur laquelle flotte une chaîne en or enrichie de rubis.*

H. 0,52. — L. 0,50. — Acq. 1856.

368 *Saint-Etienne levant les mains jointes vers le Ciel,* figure à mi-corps.

H. 0,72. — L. 0,49. — T. — C. C^t.

369 *Portrait de Marguerite de Bourbon, duchesse de Nevers.*

H. 0,54. — L. 0,38. T. — C. C^t.

CANAL (Antonio da), dit CANALETTI, *né à Venise en 1697, mort en 1768.* (Ecole vénitienne.)

Il fut élève de *Bernardo da Canal,* son père, peintre de décors. Il suivit d'abord cette profession à laquelle il dut sa prodigieuse facilité ; mais il l'abandonna bientôt pour aller à Rome, où il étudia principalement les ruines et les monuments. De retour dans sa patrie, il consacra presque exclusivement son talent à reproduire les plus belles vues de Venise. Il s'aida, dit-on, de la chambre obscure pour obtenir rapidement une perspective exacte : Tiepolo peignit quelquefois les figures de ses tableaux. Ses principaux élèves ou imitateurs sont : Bernardo Bellotto, son neveu ; Francesco Guardi, Jacopo Marieschi, Antonio Visentini, dont Tiepolo fit souvent les figures ; Giuseppe Moretti et Francesco Battaglioni. La plupart ont fait des imitations telles, qu'elles passent souvent pour des Canaletti.

370 *Vue de Venise, prise sur le bord du grand canal.*

A droite, est l'entrée de la Piazetta, qui conduit à la grande place de Saint-Marc; la colonne monumentale supporte la statue de Saint-Théodore; le bâtiment derrière est la sénatorerie, et celui d'après, la zecca ou la Monnaie. Au fond, à gauche, sur le grand canal, on voit la Douane; plus loin, le grand dôme est celui de la Madona della salute, magnifique église élevée en 1651, par suite du vœu que fit le Sénat pendant la peste de 1630. Le petit dôme est celui de la Humilta, couvent de Bénédictines.

H. 0,66. — L. 1 m. T. — G^t. 1819.

371 *Place Navone, à Rome.*

A gauche, le palais Pamfili, ouvrage de Bramante; l'église qu'on voit ensuite est celle de Sainte-Agnès, bâtie sur les dessins du Borromini. La petite église, à droite, est Saint-Jacques-des-Espagnols. La fontaine du milieu de la place est du cavalier Bernin; mais l'obélisque est antique.

H. 0,66. — L. 1 m. T. — G^t. 1819.

CANOVA (Antonio), *né à Possagno, près de Trévise, en 1757, mort à Venise en 1822.* (Ecole romaine.)

Ce célèbre sculpteur s'occupa aussi de peinture. On connaît de lui 22 tableaux, dont plusieurs sont de grande dimension, et auxquels il attachait beaucoup de prix. Canova, fils d'un tailleur de pierres de Possagno, montra de bonne heure un goût prononcé pour la sculpture. Il fixa l'attention du patricien Falieri, à Venise, en déposant sur sa table un lion modelé avec du beurre. Ce seigneur plaça Canova chez un sculpteur vénitien, où il fit de rapides progrès. Il étudia ensuite à l'Académie de Venise. A 22 ans, il exécuta son groupe de Dédale et Icare, qui lui valut une pension de 300 ducats et son envoi à Rome. Il y fit de tels progrès et des travaux si remarquables, qu'il obtint une célébrité européenne. Le pape Pie VII le nomma inspecteur général des beaux-arts. Bonaparte le manda à Paris, où il fut reçu avec de grands témoignages d'estime et d'admiration, et nommé associé étranger de la classe des beaux-arts de l'Institut. Ce fut alors qu'il fit la statue du premier consul à qui elle déplut, et qui dit en la voyant : *Canova croit donc que je me bats à coups de poing.* En 1810, Canova reçut le titre de prince de l'Académie de Saint-Luc. En 1815, il revint à Paris, mais l'accueil qu'il reçut à ce second voyage, fut bien différent du premier. Il y venait pour présider à l'enlèvement des objets d'art que le sort des armes avait mis entre nos mains. A son retour à Rome, on l'accabla d'honneurs, et le pape le nomma marquis d'Ischia, avec une dotation de 3,000 écus romains. Cette somme, ainsi que beaucoup d'autres, fut employée par lui à venir en aide aux élèves italiens. Les travaux de Canova sont immenses. Il a laissé 53 statues, 12 groupes, 14 cénotaphes, 8 grands monuments, 7 figures colossales, 54 bustes, 26 bas-reliefs, 22 tableaux, et une quantité d'ouvrages non terminés. Son œuvre a été gravée en France, en Angleterre et en Italie.

Notre musée possède beaucoup de plâtres d'après Canova. (Voir aux sculptures.)

372 *Chevalier croisé*, vu à mi-corps.

H. 0,73. — L. 0,62. T. — Acq. 1811.

ÉCOLE ITALIENNE.

Donné par l'auteur à Cacault aîné, de Nantes, ambassadeur à Rome.

Au bas est écrit de la main de Canova :

A Monr Cacault, ministro di Francia presso la Sta Sede in segno della piu sincera stima.

Anto CANOVA.

Roma, 30 Ap¹⁰ 1803.

CANUTI (Domenico-Maria), *né à Bologne en 1623, mort en 1684.* (Ecole bolonaise.)

Il fut élève du *Guide*, qu'il copia d'une manière remarquable. Il peignit beaucoup dans les monastères des pères olivatains, à Rome, à Padoue et à Bologne, et dans d'autres monuments. Canuti passa pour un des meilleurs peintres à fresques de son temps.

373 *Saint-Roch offrant ses douleurs à Dieu.*

H. 1,38. — L. 1 m. T. — C. Ct.

CARAVAGE : voyez AMERIGHI (Michel-Angiolo)

CARDUCCI (Vincenzo), *né à   en 1578, mort en 1638.* (Ecole florentine.)

Il était élève de son frère *Bartolomeo*, qui le conduisit en Espagne, où il acquit une grande réputation. Il fut peintre de Philippe III et de Philippe IV, pour lesquels il exécuta un grand nombre de tableaux. Il a écrit en espagnol un dialogue sur l'*Excellence de la Peinture.*

374 *Portrait de Carducci,* peint par lui-même.

Ce tableau est signé.

H. 1 m. — L. 0,74. T. — C. Ct.

CARPI (Girolamo), *né à Ferrare en* 1488, *mort en* 1556 *ou en* 1569. (Ecole lombarde.)

Il fut élève du *Garofolo*, qu'il avait d'abord servi comme domestique. Il alla ensuite à Bologne, où il vit pour la première fois un tableau du Corrège. Il se passionna pour son style, et copia à Modène et à Parme tous les ouvrages de ce peintre qu'il put voir. Il imita également Raphaël et le Parmegianino, mais il conserva toujours les airs de têtes et les costumes si gracieux du Corrège.

375 *Sainte Famille.*

L'enfant Jésus, endormi dans les bras de sa mère, est soutenu par un ange; Saint-Joseph fait signe à Saint-Jean de garder le silence.

Ebauche presque terminée. — Fig. à mi-corps.

Tableau rond. — Diamètre : 1 mètre. T. — C. C^t.

CARRACCI (Lodovico), *né à Bologne en* 1555, *mort en* 1619. (Ecole bolonaise.)

Il fut d'abord élève de *Prospero Fontana* qui, jugeant mal ses dispositions, l'engagea à renoncer à la peinture. Le Tintoret, dont il fréquenta l'atelier à Venise, lui donna le même conseil. Mais Lodovico, loin de se décourager, étudia avec tant de succès, dans ses voyages, les ouvrages des grands maîtres, qu'à son retour à Bologne, il surpassa tous ses rivaux. Ce fut alors qu'il établit avec ses cousins, *Annibal* et *Agostino*, dont il avait dirigé les études, cette célèbre académie qui remit en honneur l'étude réfléchie de la nature et de l'antique, et qui forma un si grand nombre d'artistes célèbres, tels que le Dominicain, le Guide, l'Albane, etc.

On lui attribue :

376 *Le Christ mort et descendu de la croix.*

H. 1 m. — L. 1,50. T. — C. C^t.

377 *Tête de Christ couronnée d'épines.*

H. 0,40. — L. 0,27. T. — C. C^t.

De l'école des CARRACHE.

378 *Absalon accroché par sa chevelure.*

H. 0,67. — L. 0,86. T. — C. C^t.

379 *Jeune satyre assis.*

H. 0,60. — L. 0,50. T. — C. C^t.

380 *Tête de vieille, esquisse.*

H. 0,27. — L. 0,21. B. — C. C^t.

381 *Jésus en croix.*

H. 0,41. — L. 0,30. T. — C. C^t.

CASTELLI (Valerio), *né à Gênes en 1625, mort en 1652.* (Ecole génoise.)

Il fut d'abord élève de son père, *Bernard Castelli*, puis de *Dominique Fiasella*. Il alla ensuite à Milan et à Parme, pour y étudier les ouvrages du Parmesan et ceux du Corrège.
Son dessin est correct, et sa couleur tendre et transparente.

382 *La Vierge, l'enfant Jésus et le petit Saint-Jean.*

H. 1 m. — L. 0,73. T. — G^t. 1804.

CASTIGLIONE (Giovanni-Benedetto), dit il GRECHETTO ou LE BENEDETTE, *né à Gênes en 1616, mort à Mantoue en 1670.* (École génoise.)

Ses premiers maîtres furent *Gio-Battista Paggi* et *Gio-Andrea de Ferrari*. Puis il reçut des leçons de Van-Dyck pendant le séjour de ce grand peintre à Gênes. Il voyagea dans toute l'Italie, et s'arrêta principalement à Venise pour étudier les maîtres de cette école. A Mantoue, il entra au service du duc Charles Ier. Quoiqu'il ait peint de grands tableaux d'histoire, Le Benedette est plus connu par ses compositions de moindres dimensions, dans lesquelles il introduisait des animaux. Son frère Salvatore et Francesco son fils ont fait un grand nombre de tableaux qui lui sont souvent attribués.

383 *Sacrifice avant l'entrée dans l'arche.*

H. 1,65. — L. 2 m. T. — C. C^t.

384 *Entrée dans l'arche.*

Pendant du précédent.

385 *Troupeau de chèvres et de moutons descendant un coteau.*

H. 0,40. — L. 0,33. T. — C. C^t.

386 *Bergers hâtant la marche d'un troupeau.*

H. 0,66. — L. 1,33. T. — C. C^t.

387 *Jeune fille sur un cheval blanc, conduisant un troupeau.*

H. 1 m. — L. 1,35. T. — C. C^t.

388 *Repos d'animaux.*

H. 1 m. — L. 1,35. T. — C. C^t.

CAVEDONE (Jacopo), *né à Sassuolo, duché de Modène, en* 1577, *mort à Bologne en* 1660. (Ecole bolonaise.)

Chassé jeune encore de la maison paternelle, Cavedone se réfugia à Bologne, où il fut successivement élève de *Passarotti*, de *Baldi* et des *Carrache*. Il acquit une réputation rapide, qui le plaça un instant auprès d'Annibal ; mais ses talents s'affaiblirent bientôt par suite de malheurs domestiques qui le rendirent fou pendant quelque temps. En recouvrant la raison, il tomba dans la plus affreuse misère, et il expira de besoin dans une rue de Bologne, à l'âge de 83 ans.

389 *Les quatre Docteurs discutant sur les livres saints.*

H. 1,66. — L. 2 m. T. — C. C^t.

390 *Les quatre Evangélistes.*

Pendant du précédent.

CERQUOZZI (Michel-Angelo), dit MICHEL-ANGE DES BATAILLES, *né à Rome en* 1602, *mort en* 1660. (Ecole romaine.)

Il fut d'abord élève de *Jacques d'Asé*, puis de *Pietro-Paolo Cortonese*, et il fit alors des tableaux de fleurs et de fruits, qui sont fort estimés. Bientôt après il s'attacha à la manière de Pierre de Laar. Il exécuta d'une manière vigoureuse des batailles, des foires, des scènes comiques, qui lui firent donner le surnom de *Michel-Ange des Batailles* ou *delle Bambocciate;* c'est-à-dire à l'imitation de Bamboche.

Il avait l'art de donner un ridicule si plaisant à ses figures, qu'on ne pouvait s'empêcher de rire en les regardant.

391 *Le chat emmaillotté.*

Scène de carnaval, rendue avec verve et gaîté.

H. 0,92. — L. 1,16. T. — C. C^t.

On lui attribue :

392 *Deux musiciens, l'un jouant du violon, l'autre du hautbois, sont accompagnés par une femme qui joue du tambour de basque.*

H. 0,43. — L. 0,33. T. — C. C^t.

CHOMPAGNIO CAIO BOLOGNIESI. (Ecole lombarde.)

Ce peintre nous est inconnu.

393 *Saint-Agée, martyr.*

Il est à genoux, les yeux tournés vers le Ciel et rempli de résignation. Un bourreau lui brûle la poitrine avec une torche ardente.

Signé : CHOMPAGNIO CAIO BOLOGNIESI.

H. 2 m. — L. 1 m. T. — C. C^t.

CORREGE : voir **ALLEGRI**.

CORTONE (PIETRE DE) : voir **BERRETTINI**.

CRESPI (Giuseppe-Maria), dit LE SPAGNUOLO, *né à Bologne en 1665, mort en 1747.* (Ecole bolonaise.)

Il fut élève de *Toni*, puis de *Canuti* et de *Cignani*. Il étudia à Bologne, les Carrache; à Modène, le Corrège; à Urbin, le Baroche. Il imita successivement ce dernier, Le Guerchin et Pietro de Cortone. Il affectionnait les effets bizarres et les raccourcis exagérés. La plupart de ses tableaux sont très-altérés, par suite de l'emploi qu'il faisait de couleurs peu solides : les uns sont décolorés, les autres noircis au point d'être invisibles. Il eut pour élèves ses deux fils, Antonio et Luigi.

394 *Deux femmes âgées apprennent à lire à deux enfants, et montrent à plusieurs jeunes filles à faire de la dentelle.*

H. 0,95. — L. 0,72. T. — C. C^t.

DOMINIQUIN : voir ZAMPIERI.

DOSSI (Dosso et Battista), *nés tous deux à Dosso, dans le Ferrarais; le premier, vers 1479, mourut après 1560; le second, dont on ignore la date de la naissance, mourut en 1545.* (Ecole ferraraise.)

Ces deux frères, malgré une antipathie mutuelle, ont toujours vécu réunis et peint ensemble; de telle sorte qu'il est difficile d'attribuer leurs ouvrages plutôt à l'un qu'à l'autre. Ils furent tous deux élèves de *Lorenzo Costa*, et, après avoir étudié à Rome et à Venise, ils se fixèrent à Ferrare. Dosso peignait de préférence la figure, et Battista le paysage.

395 *Saint-Jean composant son évangile; il est assis, tenant une plume à la main. Le*

fond est occupé par plusieurs scènes de l'*Apocalypse.*

H. 0,33. — L. 0,81. T. — C. C^t.

DUGHET (Gaspre ou Guaspre), dit Guaspre POUSSIN, *né à Rome en 1613, mort en 1675.* (Ecole romaine.)

Il était fils d'un français établi à Rome, dont Le Poussin avait épousé la fille. Il fut élève de son beau-frère et tint à honneur de porter son nom. Il travailla dans toute l'Italie et fit un nombre considérable de tableaux. Il était doué d'une telle facilité, qu'il pouvait en un jour exécuter un grand paysage avec des figures.

396 *Paysage accidenté, traversé par une rivière, au bord de laquelle s'élève un petit monument.*

H. 0,33. — L. 0,51. T. — C. C^t.

On lui attribue :

397 *Paysage.*

Une rivière ombragée par de grands arbres, baigne le pied d'un ancien château-fort. Au premier plan, des pêcheurs à la ligne.

H. 0,62. — L. 0,33. T. — C. C^t.

398 *Paysage.*

Vue du coteau qui conduit à Riccio, près d'Albano. Au sommet, on aperçoit la coupole de l'église de Riccio, construite par le Bernin. Dans le vallon, près d'un piédestal surmonté d'un vase, un jeune homme se lave les pieds dans un étang. Plus loin, sont des laveuses, des bergers et des moutons.

H. 0,70. — L. 0,94. T. — C. C^t.

FETI (Domenico), *né à Rome en 1589, mort à Venise en 1624.* (Ecole romaine.)

Il fut élève de *Cigoli*, mais il se forma surtout en étudiant à Mantoue les ouvrages de Jules Romain. Il finit par se fixer à Venise, où il mourut à 35 ans des suites d'une vie débauchée. Sa sœur fut son élève.

399 *Sainte Pudantienne tenant avec respect un vase rempli de sang.*

H. 1 m. — L. 0,81. T. — C. C^t.

Sainte Pudantienne ou Potantienne fut convertie par Saint-Pierre. Elle recueillait avec soin le sang des martyrs. On vénère dans une église à Rome, et sous son invocation, un puits où l'on dit qu'elle recueillit le sang de 3,000 martyrs.

On lui attribue :

400 *Une vieille femme filant, et près d'elle un enfant qui joue avec une souricière.*

H. 0,59. — L. 0,50. T. — C. C^t.

FIASELLA (Domenico), dit LE SARZANA, *né à Sarzana en 1589, mort en 1669.* (Ecole génoise.)

Il fut élève d'*Aurelio Louis* et de *J. Paggi*. Il alla ensuite à Rome, où il fit de tels progrès, que le chevalier d'Arpino et le Possignano le prirent souvent pour auxiliaire.

On lui attribue :

401 *L'adoration des bergers.*

La lumière qui s'échappe de l'enfant Jésus, éclaire toute la scène.

H. 1,46. — L. 1,14. T. — C. C^t.

FILIPEPI (ALESSANDRO), dit SANDRO BOTTICELLI, *né à Florence en 1447, mort en 1515.* (Ecole florentine.)

Ses premières études se firent chez l'orfèvre Botticelli, dont il joignit le nom au sien. Il passa ensuite sous la direction de Fra Filippo Lippi, et acquit de la réputation. Sixte IV l'appela à Rome pour diriger les travaux qu'il faisait exécuter dans sa chapelle. A son retour, il se livra à la gravure et finit par mourir dans une extrême pauvreté.

On lui attribue :

402 *Saint-Sébastien et Saint-François d'Assise.*

H. 0,73. — L. 0,51. B. — C. C^t.

Peint en détrempe.

GAROFOLO : voir TISIO.

GASPRE : voir DUGHET.

GHEZZI (PIERLEONE), *né à Rome en 1674, mort en 1755.* (Ecole romaine.)

Il était fils et élève de *Joseph Ghezzi.* Il prit part au grand ouvrage des prophètes de Latran, et se fit une grande réputation par son talent extraordinaire pour la caricature.

403 *Sainte Famille.*

Ce tableau est signé et daté 1741.

H. 1 m. — L. 1,16. T. — C. C^t.

GHIGI (THEODORO), *vivait en* 1540. (Ecole lombarde.)

Il était élève de *Jules Romain* et fut chargé, après la mort de son maître, de terminer plusieurs de ses tableaux.

404 *Vénus caressant Adonis.*

H. 0,59. — L. 0,50. T. — C. C^t.

GIORDANO (LUCA), *né à Naples en* 1632, *mort en* 1705. (Ecole napolitaine.)

Neuf années passées dans l'école de Ribera et un certain temps dans celle de Pietre de Cortone, le mirent dans le cas, quoique fort jeune, de produire des ouvrages remarquables. Il parcourut l'Italie, copiant les œuvres des grands maîtres et surtout ceux de Paul Veronèze. Cette vie laborieuse lui donna une telle facilité, qu'aucun peintre n'a peut-être autant produit. Son père, qui tirait un fort grand parti de son habileté, lui répétait sans cesse : *Luca, fa presto* (fais vite), et le surnom lui en resta. A Florence, le grand-duc le chargea de travaux considérables. En Espagne, Charles II le reçut magnifiquement et lui assigna une grosse pension. Il a fait d'habiles pastiches d'Albert Durer, de Bassan, de Rubens et surtout de Ribera. Parmi ses nombreux élèves, on cite : Paolo di Matteis, Nicollo et Aniello Rossi, Matteo Pacelli, etc.

405 *Saint-Dominique s'élevant au-dessus des passions humaines.*

Tableau allégorique.

H. 2,32. — L. 1,80. T. — C. C^t.

GIORGION : voir **BARBARELLI**.

GUARDI (Francesco), *né à Venise en 1712, mort en 1793.* (Ecole vénitienne.)

Il fut élève de *Canaletti*, à qui l'on attribue souvent ses tableaux. Il conserva, toutefois, une exécution originale, qui permet de reconnaître facilement ses ouvrages.

406 *Assemblée générale des nobles vénitiens dans la salle du Collége au palais ducal. Le Doge est sur son trône entouré de ses conseillers.*

Cette assemblée était quelquefois composée de 1,000 personnes. La salle, de 53 mètres de longueur sur 26 mètres de largeur, est ornée de tableaux des plus grands maîtres de l'école vénitienne.

H. 0,66. — L. 1 m. T. — G^t. 1819.

Le Musée du Louvre possède un tableau de Guardi de même dimension que celui-ci, et représentant la même salle; mais la scène qui l'anime est tout à fait différente : elle se compose d'une foule de masques.

407 *Carnaval de Venise. Grand repas présidé par le Doge.*

Le lendemain de Noël, le carnaval commençait

par un repas que le Doge donnait à la haute noblesse, ce qui s'appelait traiter la seigneurie. Les étrangers de distinction étaient admis comme spectateurs, moyennant qu'ils fussent masqués.

H. 0,66. — L. 1 m. T. — G^t. 1819.

408 *Vue de Fiatamone; un des quais à l'extrémité de la ville de Naples.*

H. 1,11. — L. 2,32. T. — C. C^t.

GUERCHIN (IL GUERCINO ou LE) : voir BARBIERI.

GUIDO (LE GUIDE) : voir RENI.

LOTTO (LORENZO), *né à Venise vers* 1480, *mort à Loretto de* 1555 *à* 1560. (Ecole vénitienne.)

On croit que son premier maître fut *Andrea Previtali de Bergame;* il entra ensuite chez Gio Bellini, à Venise, et enfin il étudia les ouvrages du Giorgion. Lotto a changé plusieurs fois de manières, et l'on reconnaît dans ses ouvrages l'influence de Bellini, de Vinci, de Palma Vecchio, son ami, et de plusieurs autres Vénitiens.

409 *La femme adultère amenée devant Jésus par les scribes et les Pharisiens.*

Répétition d'un tableau du Musée du Louvre.

H. 1,08. — L. 1,41. Fig. à mi-corps. T. — C. C^t.

LUCIANO (SEBASTIANO DI), dit SÉBASTIEN DEL PIOMBO, *né à Venise en* 1485, *mort à Rome en* 1547. (Ecole vénitienne.)

Sébastien était un musicien distingué, lorsqu'il

s'adonna à l'étude de la peinture, sous la direction de *Giovanni Bellini*. La réputation que lui acquirent les travaux qu'il exécuta à Venise, le firent appeler à Rome par Agostino Chigi, pour travailler à son palais avec Raphaël et Peruzzi. La rivalité qui existait alors entre Michel-Ange et Raphaël avait partagé les artistes en deux camps; Sébastien passa dans celui de Michel-Ange, qui l'aida alors de ses conseils et de ses dessins. Les revenus d'une charge qu'il obtint de Clément VII, lui permettant de se livrer à son penchant à la paresse, il abandonna la grande peinture et ne fit plus que des portraits, genre dans lequel il excellait. Lorenzo Laurati fut son meilleur élève.

410 *Le Christ portant sa croix.*

H. 0,45. — L. 0,32. — Fig. à mi-corps. T. — C. C^t.

On lui attribue :

411 *Portrait d'un jeune homme coiffé d'un bonnet noir.*

H. 0,41. — L. 0,33. T. — C. C^t.

LUTI (Benedetto), *né à Florence en 1666, mort à Rome en 1724.* (Ecole florentine.)

Il fut élève de *Domenico Gabbiani*, puis il alla à Rome, où il étudia sous différents maîtres. Le Pape Clément XI lui confia des travaux importants. Il a fait au pastel un très-grand nombre de petits tableaux qui sont répandus dans toutes les collections. Carle Vanloo fut son élève.

412 *Trois têtes de Saints,* étude.

H. 0,16. — L. 0,21. Carton. — C. C^t.

MALTAIS (LE), *vivait vers le milieu du XVIIe siècle.* (Ecole napolitaine.)

413 *Armures anciennes. Vases posés sur un riche tapis de Turquie.*

H. 0,66. — L. 0,92. T. — C. C[t].

414 *Vases, guitare, aras, fruits sur un tapis rouge.*

Pendant du précédent.

415 *Deux soldats jouant aux cartes sur un tambour. Riches armures, tapis de Turquie, coussins,* etc.

H. 0,46. — L. 0,62. T. — C. C[t].

416 *Une maîtresse d'école fait lire et broder des petites filles. Tapis, vases,* etc.

Pendant du précédent.

MANFREDI (Bartolommeo), *né à Ustiano, bourg du Mantouan, en* 1580, *mort en* 1617. (Ecole romaine.)

Il fut élève de *Christophano Roncalli*, et il se perfectionna en étudiant les ouvrages de Caravage, dont il imita souvent la manière.

On lui attribue :

417 *Judith, après avoir coupé la tête d'Holopherne, aperçoit le soleil levant et cherche à retourner à Béthulie.*

H. 0,78. — L. 0,66. T. — C. C[t].

MARATTA ou MARATTI (Carlo), *né à Camerano, Marche-d'Ancône, en 1625, mort à Rome en 1713.* (Ecole romaine.)

Il entra à 11 ans, chez *Andrea Sacchi*, où il resta 19 ans à copier les ouvrages de Raphaël, des Carrache et autres grands maîtres. Il obtint une grande réputation en peignant des vierges, ce qui lui valut le surnom de *Carluccio delle Madonne*. Il fut chargé de garder et de restaurer les peintures de Raphaël au Vatican. Clément XI le créa chevalier du Christ, et Louis XIV le nomma son peintre ordinaire. L'immense réputation dont il jouit de son vivant n'a pas été entièrement sanctionnée par la postérité. Il forma de nombreux élèves, dont le dernier est Agortino Masucci.

418 *Saint-Philippe de Néri, fondateur de la Congrégation de l'Oratoire, à genoux devant la Vierge qui tient l'enfant Jésus.*

H. 2,16. — L. 1,46. T. — C. C^t.

419 *L'enfant Jésus, assis sur les genoux de sa mère, donne la bénédiction.*

H. 1,50. — L. 1,08. T. — C. C^t.

420 *Quatre têtes d'étude pour son tableau placé dans l'église de Sainte-Croix de Jérusalem, à Rome.*

H. 0,46. — L. 0,92. T. — C. C^t.

On lui attribue :

421 *Tête de Saint-Etienne, étude.*

H. 0,67. — L. 0,55. T. — C. C^t.

422 *Adoration des bergers*, effet de nuit.

H. 0,50. — L. 0,33.

MICHEL-ANGE DES BATAILLES : voir CERQUOZZI.

MOLA (Pietro-Francesco), *né à Coldre, dans le Milanais, en 1612, mort à Rome en 1668.* (Ecole bolonaise.)

Prospero Orsi lui enseigna les éléments du dessin, puis il entra à l'atelier de Guiseppe d'Arpino. Il se rendit ensuite à Venise, pour étudier les grands coloristes. De retour à Rome, il peignit d'abord dans la manière du Bassan. A Bologne, il se lia avec l'Albane, qui lui fit modifier son style. Il s'établit enfin à Rome, où il fut nommé prince de l'Académie de Saint-Luc et comblé de faveurs par Innocent X et Alexandre VII.

423 *Paysage accidenté.*

Au pied d'une montagne qui occupe le centre du tableau, on remarque un village dominé par une tour. Une rivière passe auprès et vient se perdre au 1er plan. A gauche, un homme et une femme portant un enfant, se reposent au bord d'un chemin.

H. 1,16. — L. 1,66. T. — C. C^t.

De son école :

424 *Paysage dans lequel on remarque un moine qui lit, et un autre qui médite sur une tête de mort.*

H. 0,50. — L. 0,57. T. — C. C^t.

MULIER ou de MULIERIBUS (LE CHEVALIER PIETRO), surnommé le **TEMPESTA**, *né à Harlem en 1637, mort à Milan en 1701.* (Ecole romaine.)

On ne sait quel fut son maître. Les bourrasques qu'il peignait avec une effrayante vérité, lui valurent le surnom de *Tempesta*. Ses tableaux sont d'un effet saisissant quand d'un ciel couvert d'épaisses ténèbres, on voit s'échapper la foudre et les éclairs qui incendient et engloutissent des vaisseaux déjà fracassés par la mer en furie. Ses meilleurs ouvrages datent de l'époque de sa captivité à Gênes, où il fut détenu, pendant cinq ans, pour avoir fait assassiner sa femme. Il fit aussi des paysages estimés, dans la manière de Claude Lorrain, mais il est resté fort au-dessous de son modèle.

425 *Naufrage.*

Deux navires se brisent sur des rochers.

H. 0,73. — L. 1,19. T. — C. C^t.

426 *Marine,* effet de tempête.

Navire naufragé au pied d'un rocher dominé par un château-fort. D'autres navires sont poussés par la tempête.

H. 0,50. — L. 0,66. T. — C. C^t.

De son école :

427 *Le coup de tonnerre,* paysage.

H. 0,66. — L. 0,81. T. — C. C^t.

NANNI (JEAN), dit JEAN DE UDINE, *né à Udine*

en 1494, mort à Rome en 1564. (Ecole vénitienne.)

Il fut élève de *Giorgion*, puis de *Raphaël*. Il s'attacha à peindre les animaux, les fleurs et les fruits. Raphaël lui confia l'exécution de la plus grande partie des ornements de la galerie du Vatican. Sa manière est grande, sa couleur vigoureuse et sa touche légère. Il était regardé comme le premier peintre en arabesques de son temps.

428 *Réunion d'animaux : singes, dindons, poules, perroquet*, etc.

H. 1 m. — L. 1,56. T. — C. C^t.

NUZZI (Mario), dit MARIO DES FLEURS, *né à la Penna en 1603, mort à Rome en 1673.* (Ecole napolitaine.)

Il fut élève de son oncle *Salini*, et devint le premier peintre de fleurs de son époque ; de là, le surnom sous lequel il est le plus connu. Ses ouvrages furent fort recherchés et payés à des prix très-élevés pendant sa vie ; mais, peu d'années après, ils perdirent leur fraîcheur et prirent un ton sombre et terne, qui en diminua beaucoup la valeur.

429 *Vase de cristal rempli d'œillets, posé sur des livres ; écritoire et horloge de sable.*

H. 0,57. — L. 0,46. T. — C. C^t.

430 *Autre vase de cristal rempli de fleurs variées, posé sur des livres. Tête de mort auprès d'une chandelle éteinte et fumant encore.*

Pendant du précédent.

Le peintre a voulu évidemment exprimer, dans ces deux tableaux, une pensée philosophique.

PANINI (Giovanni-Paolo), *né à Plaisance en 1695, mort à Rome en 1768.* (Ecole romaine.)

Après avoir étudié, dans son pays, l'architecture et la perspective, il alla à Rome, où il fut élève de *Lucatelli* et de *Luti*. Il essaya aussi d'imiter la manière de Salvator Rosa; mais il l'abandonna bientôt pour une autre moins vigoureuse. Il s'attacha surtout à rendre les ruines des monuments antiques, genre dans lequel il acquit une grande habileté. Il excella encore à peindre les décorations de théâtre. Il fut de l'Académie romaine et de l'Académie de peinture de Paris.

431 *Ruines d'architecture.*

L'artiste a réuni, dans ce tableau, plusieurs ruines de Rome. Une sibylle parle à des guerriers des destinées de ce monde.

H. 1,80. — L. 1,50. T. — Acq. 1841.

On lui attribue :

432 *Vue du château Saint-Ange, autrefois tombeau d'Adrien, à Rome.*

H. 0,21. — L. 0,32. T. — C. F.

PERUGIN : voir **VANNUCCI** (Pietro).

PONTE (Leandro da), dit il **BASSANO**, ou Léandre **BASSAN**, *né à Bassano en 1558, mort à Venise en 1623.*

Il était élève de son père qu'il a souvent imité dans sa manière de peindre et dans ses compositions. Ses portraits, qu'il exécutait d'une manière remarquable, contribuèrent surtout à sa réputation. L'empereur Rodolphe II voulut en faire son premier peintre;

mais, ayant été créé chevalier par le doge Grimani, il aima mieux faire le grand seigneur à Venise que de vivre en artiste à Vienne. Il ne paraissait en public que paré des décorations de Saint-Marc, et accompagné d'un grand nombre de ses disciples, auxquels il faisait porter son épée et ses tablettes. Il les obligeait même à assister à ses repas et à goûter avant lui les mets qu'on lui servait, craignant qu'on ne voulût l'empoisonner.

433 *Moïse frappant le rocher.*

Des pasteurs abreuvent leurs troupeaux, d'autres recueillent de l'eau dans des vases. Dans le lointain, on aperçoit le camp des Hébreux.

H. 1 m. — L. 1,50. T. — G^t. 1809.

434 *Paysage.*

Un chasseur portant un lièvre s'avance vers des bergers occupés à traire des chèvres. Esquisse d'un tableau qui est gravé.

H. 0,41. — L. 0,55. B. — C. C^t.

On lui attribue :

435 *La Nativité de la Vierge.*

Tableau surnommé l'*Œuf mollet*.

H. 1,32. — L. 1,81. T. — C. C^t.

436 *Jésus chassant les vendeurs du temple,* esquisse.

H. 0,62. — L. 0,80. T. — C. C^t.

PONTE (JACOPO DA), dit IL BASSANO, ou JACques BASSAN, *né à Bassano en 1510, mort en 1592.* (Ecole vénitienne.)

Son père François lui apprit à peindre, puis il passa à l'école du Bonifazio, à Venise. Il étudia le dessin du Parmesan, et copia les tableaux du Titien. Il peignit d'abord dans la manière de ce dernier, mais bientôt il s'en créa une nouvelle plus prompte et plus heurtée. Les figures qu'il plaça dans ses tableaux, devinrent moins grandes que nature, et il répéta nombre de fois certains sujets de l'ancien et du nouveau Testament. Il s'attacha aussi à la représentation des scènes champêtres, dans lesquelles il plaçait des animaux.

D'après lui :

437 *Annonciation aux bergers.*

Ce tableau a été gravé.

H. 0,76. — L. 0,73. T. — C. C^t.

438 *Adoration des bergers.*

H. 0,65. — L. 0,73. T. — C. C^t.

PRETI (Mattia), dit LE CALABROIS, *né à Taverna, dans la Calabre, en 1613, mort à Malte en 1699.* (Ecole napolitaine.)

Après avoir été élève de son frère Gregorio, il alla à Rome où il suivit pendant quelque temps les leçons de Giovani Lanfranco. Il étudia ensuite, à Cento, les ouvrages du Guerchin. Il parcourut toute l'Italie; fit à Bologne des peintures fort estimées, travailla à Rome à l'église de San-Andrea-delle-Valle, exécuta à Naples de nombreux travaux, et enfin se rendit à Malte, appelé par le Grand-Maître pour peindre des fresques dans la cathédrale. Pendant son séjour dans cette île, il fut reçu chevalier, et, plus tard, il vint y terminer sa carrière. Preti s'adonna particulièrement à l'étude du dessin et ne commença à peindre qu'à l'âge de 25 ans. Ses compositions sont grandes et majestueuses, son dessin correct, sa couleur forte et *pâteuse,* mais quelquefois un peu noire.

439 *Jésus guérissant les aveugles de Jérico.*

H. 1,27. — L. 1,51. — Fig. à mi-corps. T. — C. C^t.

RAFFAELLO SANZIO : voir SANZIO.

RECCO (Joseph), *né en 1634, mort en 1695.* (Ecole napolitaine.)

Il excellait à peindre les gibiers, les poissons, etc.

440 *Poissons de la Méditerranée et ustensiles de pêche.*

H. 1,24. — L. 1,43. T. — C. C^t.

441 *Poissons, crabes,* etc.

H. 0,57. — L. 0,92. T. — C. C^t.

442 *Poissons d'espèces variées.*

H. 0,50. — L. 0,66. T. — C. C^t.

RENI (Guido), dit LE GUIDE, *né à Calvenzano, près Bologne, en 1575, mort en 1642.* (Ecole bolonaise.)

Denis Calvaert fut son premier maître, et ses progrès furent si rapides, qu'à 18 ans ses dessins servaient de modèles à ses compagnons d'étude. Bientôt après, il entra dans l'école des Carrache qu'il aida dans leurs travaux. Après avoir suivi quelque temps leur manière, ainsi que celle du Caravage, il s'en créa une plus claire, plus argentine et plus gracieuse, qui eut un prodigieux succès. La jalousie des Carrache l'obligea à se séparer d'eux. Il se rendit à Rome, où il étudia Raphaël et les antiques, et peignit beaucoup de fresques et de tableaux. Appelé à Naples pour décorer la chapelle de Saint-Janvier, les persécutions de Laufranc et de Ribera le forcèrent d'abandonner ces travaux. Il revint à Bologne, où son immense réputation lui attira de si nombreuses commandes, qu'il ne pouvait y satisfaire. La passion du jeu empoisonna la fin d'une si brillante carrière; il perdit, tomba dans la misère et travailla à vil prix. Il eut, dans sa vieillesse, la douleur de voir ses ouvrages dédaignés et ses amis l'abandonner.

443 *Saint-Jean-Baptiste caressant l'agneau sans tache.*

Ce tableau est gravé.

H. 1,57. — L. 1,13. T. — G^t. 1804.

D'après lui :

444 *Ecce Homo, demi-figure.*

H. 1,13. — L. 0,92. T. — C. C^t.

445 *Tête de Christ couronnée d'épines.*

Copie d'un tableau du Louvre.

H. 0,59. — L. 0,43. T. — C. C^t.

446 *Saint-François-d'Assises, les yeux vers le ciel, semble prier Dieu de l'appeler à lui.*

Copie du'n tableau du Louvre, où le Saint est en pied.

H. 0,64. — L. 0,54. T. — C. C^t.

ÉCOLE ITALIENNE.

447 *Mater dolorosa.*

H. 0,70. — L. 0,34. T. — C. C^t.

448 *Saint-Sébastien.*

Copie d'un tableau du Louvre.

H. 1,13. — L. 0,85. T. — C. C^t.

On lui attribue :

449 *Assomption. La Vierge est entourée d'anges et de chérubins.*

H. 0,76. — L. 0,50. T. — C. C^t.

ROBUSTI (Jacopo), dit LE TINTORET, *né à Venise en 1512, mort en 1594.* (Ecole vénitienne.)

Il était fils d'un teinturier, et ses dispositions précoces le firent entrer à l'atelier du Titien; mais ses progrès rapides effrayèrent son maître, qui le congédia de bonne heure, dans la crainte de rencontrer dans son élève un rival redoutable. Il n'en conserva pas moins une grande admiration pour le Titien. Doué d'une facilité prodigieuse, dont il abusa souvent, il produisit un nombre d'ouvrages considérable. Sa réputation égala presque celle du Titien et de Paul Véronèze. Ses élèves furent : Marietta Robusti, sa fille; Domenico Robusti, son fils; Paolo Franceschi, Martin de Vos et Odorado Fialetti.

450 *Etudes de têtes d'hommes, groupées sur une même toile.*

H. 0,71. — L. 1,14. T. — C. C^t.

451 *Dédicace du temple de Jérusalem,* esquisse.

Salomon, roi d'Israël, après avoir fait bâtir le temple, rassemble son peuple, dédie le temple au Seigneur, et y transporte l'arche d'alliance.

H. 1 m. — L. 0,76. T. — C. C^t.

452 *Présentation au Temple,* esquisse.

H. 0,62. — L. 0,49. T. — C. C^t.

De son école :

453 *Lapidation de Saint-Etienne,* esquisse.

Un ange lui apporte la palme du martyre.

H. 1,14. — L. 0,92. T. — C. C^t.

454 *Simon le magicien,* esquisse.

Simon s'étant vanté de s'élever dans les airs pour détruire l'effet des miracles des Apôtres, tombe du haut d'un portique et se casse la cuisse. Saint Pierre, à genoux, prie Dieu d'empêcher la réussite de Simon.

H. 0,54. — L. 0,41. T. — C. C^t.

455 *Décollation de Saint Janvier et de plusieurs autres chrétiens,* esquisse.

Sainte Pudantienne recueille leur sang. La scène se passe à la Solefatare, près de Naples.

H. 0,60. — L. 0,82. T. — C. C^t.

456 *Exécution de martyrs dans la Solfatare.*

H. 0,52. — L. 0,82. T. — C. C^t.

ROMANELLI (Giovani-Francesco), *né à Viterbe en 1610, mort en 1662.* (Ecole romaine.)

Ses premiers maîtres furent l'*Incarnatini*, son parent, et *Pietro Berettini*. Ses rapides progrès lui valurent le surnom de *Raffaellino* (le petit Raphaël.) Le cardinal Barberini lui obtint d'importants travaux, et, plus tard, le fit appeler en France par le cardinal Mazarin. Il devint le peintre favori de la cour, et fut chargé de peindre au Louvre les salles de bain de la reine, qui sont aujourd'hui celles des Saisons, de la Paix, des Romains et du Centaure (Musée des Antiques, au rez-de-chaussée). Outre des récompenses magnifiques, le roi le nomma chevalier de l'ordre de Saint-Michel. Il mourut en retournant à Viterbe pour y chercher sa famille. Son fils Urbano fut son élève.

457 *Sainte Famille.*

L'enfant Jésus indique à sa mère une inscription dans un livre que tient Saint-Joseph.

H. 2,50. — L. 1,38. T. — G^t. 1804.

RONCELLI (Giuseppe), *né à Bergame en 1677, mort en 1729.* (Ecole vénitienne.)

On lui attribue :

458 *Feu de joie sur la place du Peuple, à Rome,* figures par Célesti.

H. 0,53. — L. 0,41. T. — C. C^t.

ROSA (Salvator), *né à la Renella, près Naples,*

en 1615, mort à Rome en 1673. (Ecole napolitaine.)

Il reçut les premières leçons de peinture de Paolo Greco, son oncle, puis de Francesco Francanzano, son beau-frère. A 17 ans, se trouvant sans ressources, il exécuta une quantité de petits tableaux qui se vendaient à vil prix sur la place publique, et qui attirèrent l'attention de Lanfranc. Il fréquenta alors l'atelier de Ribera, puis celui d'Aniello Falcone, dont il imita quelque temps la manière. Après deux voyages à Rome, il revint à Naples, vers l'époque de la conspiration de Mase-Aniello, à laquelle il prit une part active. Forcé de fuir, après la mort de ce dernier, il se réfugia à Rome, où ses ouvrages obtinrent alors un grand succès. Quatre ans après, il fut appelé à Florence par le grand-duc de Toscane, à la cour duquel il séjourna pendant neuf ans, partageant son temps entre la peinture, la poésie et la musique. Enfin, il revint habiter Rome, où il peignit cette foule d'ouvrages dans lesquels il a déployé une énergie et une verve d'exécution si remarquables. Ses principaux élèves ou imitateurs furent : Mario Masturzo, Nicolò Vaccaro, Nicolò Massaro et Scipione Compagno.

459 *Paysage abrupt, dans lequel on remarque deux figures en costume historique.*

H. 0,62. — L. 0,33. T. — C. C^t.

On lui attribue :

460 *Marine.*

Vue d'un port de la Méditerranée, au soleil couchant. Une tour carrée s'élève au premier plan.

H. 0,46. — L. 0,62. T. — C. C^t.

461 *Un vieillard, figure d'une expression énergique, tenant une tête de mort.*

H. 0,71. — L. 0,65. T. — C. C^t.

D'après lui :

462 *Jason endormant le dragon, gardien de la Toison d'Or.*

H. 0,92. — L. 0,70. T. — C. C^t.

463 *Halte de soldats au milieu de rochers.*

H. 0,43. — L. 0,54. T. — C. C^t.

De son école :

464 *Tête de vieillard chauve.*

H. 0,66. — L. 0,50. T. — C. C^t.

465 *Un vieillard et des soldats causant auprès d'un groupe d'arbres, au milieu des rochers.*

H. 0,62. — L. 0,48. T. — C. C^t.

466 *Paysage.*

Au pied d'un coteau, sur lequel sont renversés de grands arbres, deux hommes causent auprès d'un torrent.

Ce tableau pourrait être de NICOLAS SPIERINGS.

H. 0,66. — L. 0,51. T. — C. C^t.

ÉCOLE ITALIENNE.

ROSSELLI (Matteo), *né à Florence en 1578, mort en 1650. (Ecole florentine.)*

Il fut élève de Gregorio Pagani, et se perfectionna en étudiant les ouvrages d'André del Sarte.

467 *Judith tenant d'une main une épée et de l'autre la tête d'Holopherne. Une vieille présente un sac pour la recevoir.*

H. 1,86 — L. 1,21. T. — G^t. 1804.

SACCHI (Andrea), *né à Rome en 1599, mort en 1661. (Ecole romaine.)*

Il fut élève de son père et d'Albano; il était excellent dessinateur, et il devint l'un des meilleurs coloristes de l'Ecole romaine. Ses compositions sont nobles, ses expressions justes, et ses draperies naturelles et simples. Ses principaux élèves sont François Lauri, Carlo Maratti, etc.

468 *Convoi funèbre d'un évêque.*

H. 0,38. — L. 0,73. B. — C. C^t.

D'après lui :

469 *Saint Romuald et ses disciples.*

Copie d'un tableau du Musée du Louvre.

H. 1,81. — L. 1,33. T. — C. C^t.

470 *Saint Romuald, les yeux levés vers le ciel, se dispose à écrire.*

H. 0,65. — L. 0,50. T. — C. C^t.

De son école :

471 *Religieux chassés par des soldats à coups de hallebarde.* Une barque s'approche pour les recueillir.

H. 0,70. — L. 1 m. — T. — C. C^t.

SALVI DA SASSOFERRATO (GIOVANNI-BAPTISTA), né à Sassoferrato en 1605, mort à Rome en 1685. (Ecole romaine.)

Son père, *Turquino Salvi,* fut son premier maître, et l'on pense qu'il reçut aussi des leçons de *Jacopo Vignali,* et peut-être même du *Dominiquin;* au moins sait-on que Salvi, dans sa jeunesse, visita Rome et Naples, à l'époque où le Dominiquin était à l'apogée de sa gloire. Salvi se forma en copiant un grand nombre d'ouvrages de l'Albane, du Guide, du Baroche et de Raphaël. Ses peintures sont extrêmement rares.

472 *Tête de vierge en adoration.*

H. 0,34. — L. 0,25. T. — C. Cl. de F.

On lui attribue :

473 *Portrait d'une vieille femme,* tête nue, vêtue de noir et disant son chapelet.

Ce portrait passe pour être celui de la femme de Sassoferrato.

H. 0,70. — L. 0,57. T. — C. C^t.

474 *Sainte Famille.*

La Vierge, coiffée d'un voile blanc doublé en jaune, soutient l'enfant Jésus à demi-couché, et tenant à la main une rose blanche.

H. 1 m. — L. 0,81. T. — G^t.

D'après lui :

475 *Tête de vierge en adoration.*

H. 0,47. — L. 0,39. T. — C. C^t.

SANZIO (Raffaello), dit RAPHAEL, *né à Urbino le vendredi saint 1483, mort à Rome le vendredi saint 1520.* (Ecole romaine.)

Son père lui enseigna les premiers éléments du dessin. On ignore quel fut son second maître jusqu'au moment où il entra dans l'atelier du Perugin. Il y surpassa bientôt tous ses condisciples, et, en 1500, il quitta cette école pour se rendre à Cita di Castello, où il peignit plusieurs tableaux. Il revint à Urbino, et y exécuta le Saint-Michel et le Saint-Georges. Après plusieurs voyages à Florence et à Pérouse, il partit pour Rome en 1508. L'architecte Bramante, son parent, le présenta à Jules II, qui lui confia d'immenses travaux au Vatican. Léon X, succédant à Jules II, le prit également sous sa protection, et ses occupations devinrent si nombreuses, qu'il eut recours aux pinceaux de ses élèves pour exécuter les compositions qu'il ne cessait de produire. Il fut aussi successivement chargé de la direction des constructions du Vatican, de celles de Saint-Pierre, de la surintendance des édifices antiques de Rome, et enfin de la surveillance des fouilles qui se poursuivaient avec une grande activité. Si l'on réfléchit qu'indépendamment de tous ces travaux, Raphaël exécuta en quelques années un nombre incroyable de tableaux et de dessins répandus dans les musées de l'Europe, on comprendra que cet illustre artiste ait pu succomber (à 37 ans) victime de son dévoûment à l'art, plutôt que d'excès qui ne sont rien moins que prouvés. Aucun peintre ne l'a égalé dans la composition, l'expression, la grâce et la pureté du dessin. « Il est toujours élevé sans effort, humain sans trivialité, gracieux sans afféterie, et passionné sans exagération. » Il eut de nombreux élèves qui furent tous d'habiles peintres. On cite principalement Jules Romain, Pierino del Vaga, Andrea Sabattini, Giovanni da Udine.

D'après lui :

476 *La Vierge tenant étendu sur ses genoux l'enfant Jésus, qui la regarde avec amour.*

H. 0,84. — L. 0,66. — C. C*t*.

477 *Attila,* d'après une fresque du Vatican.

H. 0,87. — L. 1,16. T. — C. C*t*.

478 *Héliodore chassé du temple,* d'après une fresque du même palais.

Pendant du précédent.

479 *La transfiguration.* (Copie réduite.)

L'original de ce tableau, chef-d'œuvre de Raphaël, fut son dernier ouvrage.

H. 1,34. — L. 0,98. T. — C. C*t*.

480 *Sainte Famille.*

L'enfant Jésus s'élance de son berceau dans les bras de sa mère.

D'après un tableau du Louvre, qui fut exécuté pour François I*er*.

H. 1,50. — L. 0,92. T. — C. C*t*.

481 *Sainte Famille.*

H. 0,86. — L. 0,66. T. — C. C*t*.

482 *Portrait du pape Jules II.*

    H. 0,66. — L. 0,50. T. — C. C^t.

483 *Héliodore chassé du temple.*

484 *La messe de Bolzen.*

    La tradition attribue à Lebrun ces deux copies.

    H. 1,45. — L. 1,93. T. — C. C^t.

485 *Psyché et l'Amour.*

    H. 0,16. — L. 0,23. T. — C. C^t.

SARTO (ANDREA DEL, ou ANDRÉ DEL SARTE) : voir VANUCCHI.

SASSOFERRATO : voir SALVI.

SEBASTIEN DEL PIOMBO : voir LUCIANO.

SOLIMENA (FRANCESCO) DI L'ABATE-CICCIO, né à Nocera de Pagani en 1657, mort à Naples en 1747. (Ecole napolitaine.)

    Son père, quoique peintre lui même, le destina d'abord à l'étude des lois ; mais Solimène montra de telles dispositions pour la peinture, qu'il obtint de s'y livrer tout entier. Son père dirigea ses premières études, puis il alla à Naples à l'âge de 17 ans. Il entra dans l'atelier de Francesco di Maria, qu'il abandonna bientôt pour celui de Giacomo del Po. Il étudia les ouvrages de Lanfranc, du Calabrèse, de Pietre de Cortone, du Guide et de Carle-Marate, et essaya d'imiter la couleur de son ami Luca Giordano. Il jouit pendant son temps d'une immense réputation.

ÉCOLE ITALIENNE.

et fut employé par tous les princes de l'Europe. Après un court séjour à Rome, il revint à Naples, où il peignit jusqu'à l'âge de 88 ans. Il a laissé un grand nombre d'ouvrages dans tous les genres. Ses principaux élèves furent *Sebastiano Conca, Francesco de Mura, Niccolo Maria Rossi, Scipione Capella, Giuseppe Bonito, Andrea dell' Asta*, et le comte *Ferdinando San-Felice*.

486 *L'enfant Jésus, assis sur les genoux de sa mère, accueille plusieurs saints qui lui présentent les instruments de leur martyre,* esquisse.

H. 1,33. — L. 1,27. T. — C. C^t.

487 *Saint Dominique recevant du pape Honorius III la bulle d'institution de son ordre, en 1216,* esquisse.

H. 0,50. — L. 0,54. T. — C. C^t.

488 *La Vierge et l'enfant Jésus.*

H. 0,11. — L. 0,09. Ovale. C. — C. Cl. de F.

489 *Sainte-Geneviève.*

Pendant du précédent.

C. Cl. de F.

De son école :

490 *Apothéose de Jules II.*

H. 0,76. — L. 0,46. T. — C. C^t.

491 *Piscine miraculeuse.*

H. 0,70. — L. 0,50. T. — C. C^t.

STROZZI ou **STROZZA** (Bernardo), dit IL CAPUCINO ou IL PRETE GENOVESE, *né à Gênes en 1581, mort à Venise en 1644.* (Ecole génoise.)

Après avoir appris son art d'un peintre nommé *Pietro Sorri*, il se fit capucin; mais il sortit bientôt du cloître pour soutenir l'existence de sa mère et de sa sœur. Après la mort de l'une et le mariage de l'autre, on le força de rentrer chez les capucins. Il s'en échappa et se réfugia à Venise, où il passa sa vie sous l'habit séculier. Il fit à Gênes des fresques remarquables, et il peignit à Novi, à Voltri et à Venise des tableaux pleins de vigueur, qui se soutinrent auprès des meilleurs de cette grande école vénitienne.

492 *Le paralytique guéri, sortant de la Piscine en présence de Jésus-Christ.*

H. 1,68. — L. 0,97. T. — C. C^t.

493 *Conversion de Zachée le publicain.*

Pendant du précédent.

Ces deux tableaux ont été gravés.

TEMPESTA (Pietro) : voir MULIER.

TEMPESTA, TEMPESTI ou **TEMPESTINO** (Antonio), *né à Florence en 1545, mort en 1620.* (Ecole florentine.)

Il fut élève de *Stradano*, qu'il surpassa dans la représentation des batailles, des chasses et des cavalcades. Ses compositions sont animées et pleines de feu, son dessin est correct, mais son coloris est souvent un peu noir. Il a gravé à l'eau forte.

494 *Grande chasse à courre.*

Des cavaliers et des chiens poursuivent un cerf.

H. 1,95. — L. 2,76. T. — C. C^t.

495 *Apprêts d'une chasse à l'oiseau.*

Un cavalier portant un faucon sur le poing, prend des renseignements d'un paysan.

Pendant du précédent.

Ces deux tableaux ont été gravés.

496 *Cheval blanc au galop*, étude.

H. 1,38. — L. 1,08. T. — C. C^t.

A été gravé.

TINTORET (LE) : voir ROBUSTI.

TISIO (BENVENUTO), dit IL GAROFOLO, *né à Garofolo, dans le Ferrarais, en 1481, mort en 1559.* (Ecole ferraraise.)

Il fut élève de *Domenico Panetti*, à Ferrare, de *Boccacino Boccacini*, à Crémone; de *Baldini*, à Rome; de *Lorenzo Costa*, à Mantoue. Puis il étudia les ouvrages de Michel-Ange et de Raphaël, avec lequel il se lia intimement. Il a fait un grand nombre de tableaux très-variés de manière, par suite des changements successifs d'écoles auxquelles il s'attacha. Il mettait quelquefois un œillet dans ses tableaux, par allusion au nom qu'il prit de son pays; mais ce signe est loin d'être une preuve d'authenticité irrévocable, car on le retrouve dans beaucoup d'autres ouvrages des XVe et XVIe siècles. Girolamo Carpi fut son meilleur élève.

On lui attribue :

497 *Sainte famille dans un paysage.*

H. 0,46. — L. 0,33. — C. Ct.

TITIEN : voir VICELLO.

TURCHI (ALESSANDRO) ou ALEXANDRE VÉRONÈSE, dit L'ORBETTO, *né à Vérone en 1582, mort à Rome en 1648.* (Ecole vénitienne.)

D'après lui :

498 *Saint Pierre, conduit par un ange, visite sainte Agathe en prison.*

L'original de ce tableau est au musée de Londres.

H. 0,33. — L. 0,50. T. — C. Ct.

VANNI (RAFFAELO), *né à Sienne en 1596, mort en 1657.* (Ecole florentine.)

Il fut d'abord élève de son père, *Francesco Vanni;* et, à la mort de ce dernier, il passa sous la direction d'*Antoine Carrache.* A Rome, il imita la manière de Pietre de Cortone. Il fut reçu à l'Académie de Saint-Luc en 1655, et honoré du titre de chevalier.

On lui attribue :

499 *Sainte Claire, entourée d'une gloire d'anges et contemplant un crucifix.*

H. 0,80. — L. 1,30. T. — C. Ct.

VANNUCCHI (Andrea), dit ANDREA DEL SARTO, né à *Florence* en 1488, mort en 1530. (Ecole florentine.)

Andréa, surnommé *del Sarto*, à cause de la profession de son père qui était tailleur, fut d'abord apprenti orfèvre; mais son goût l'entraîna bientôt vers l'étude exclusive du dessin et de la peinture. De l'atelier de *Gio Barile*, son premier maître, il passa dans celui de Pietro di Cosimo, puis il étudia avec un tel succès les fresques de Masaccio, de Ghirlandajo, et surtout les fameux cartons de Léonard de Vinci et de Michel-Ange, que, dès 1511, il passait pour un des plus habiles artistes de Florence. Sa réputation le fit appeler à Paris par François I*er*, qui le combla de faveurs. Andréa jouissait à la cour de France de la plus brillante fortune, lorsqu'une lettre de sa femme qu'il aimait passionnément, et qui fut toujours son mauvais génie, le rappela à Florence. Il obtint un congé du roi, après avoir juré sur l'évangile de revenir bientôt. Il partit en 1519, chargé par le monarque d'acquérir des objets d'art pour une somme assez considérable, mais il dissipa follement l'argent que le roi lui avait confié, et il n'osa plus revenir à Paris. Forcé par la gêne où il tomba de se remettre sérieusement au travail, il faisait encore de nouveaux progrès, lorsqu'il fut atteint de la peste. Il mourut à l'âge de 42 ans, privé de tout secours, et abandonné de sa femme et de ses anciens amis. Andréa fut surnommé, par ses contemporains, le peintre sans défauts. Sa profonde originalité, l'élégance de son style, le charme de son exécution, lui assignèrent une place élevée parmi les plus grands maîtres. On compte au nombre de ses élèves, Francesco Salviati, Giorgio Vasari, Andrea Sguazella, Giacomo di Pontormo, Le Nannoccio, etc., etc.

500 *La Charité.*

Répétition ou copie du tableau du Louvre. Le livret de cette galerie, rédigé par M. Villot, s'exprime ainsi au sujet de notre tableau : « Il existe une belle

» répétition ou copie ancienne de cette composition
» au Musée de Nantes. »

H. 1,89. — L. 1,50. T. — C. C¹.

D'après lui :

501 *La Vierge, son fils et saint Jean-Baptiste.*

H. 1 m. — L. 0,80. T. — C. C¹.

De son école :

502 *Sainte Famille.*

H. 1,13. — L. 0,81. T. — C. C¹.

VANNUCCI (PIETRO), dit IL PERUGINO ou LE PÉRUGIN, *né à Castello della Pieve, près de Pérouse, en 1446, mort à Castello Fontignano, près de la même ville, en 1524.*

Son premier maître fut un artiste obscur de Pérouse sur lequel ses biographes ne s'accordent pas. Il alla ensuite à Florence, et entra dans l'école d'Andrea del Verocchio. Il fit de rapides progrès, et sa réputation devint telle, que ses tableaux furent recherchés en Italie, en France et en Espagne. Le pape Sixte IV l'appela à Rome, où il peignit dans la Chapelle Sixtine et au Vatican (de 1420 à 1495). A Pérouse, il exécuta un grand nombre d'ouvrages en détrempe, à l'huile et à fresque, parmi lesquels on cite particulièrement ceux de la salle du Cambio. Le Perugin eut de nombreux élèves, qui furent tous éclipsés par Raphaël, leur condisciple.

503 *Le prophète Isaïe, le premier des grands prophètes.*

Il est assis et tient dans sa main un rouleau sur lequel on lit ces paroles :

ELEVATA EST MAGNIFICENTIA TUA SUPER CELOS DSP.

ÉCOLE ITALIENNE.

Il commença ses prophéties sous le règne d'Osias, 785 ans avant Jésus-Christ, et les termina sous celui de Manassès, qui le fit scier en deux.

Diamètre : 1,33. Rond. B. — G^t. 1809.

504 *Le prophète Jérémie, le deuxième des grands prophètes.*

Il est également assis et tient dans sa main une bandelette sur laquelle est écrit :

COELUM SEDES MEA, TERRA AVTEM SCABELLUM PEDUM MEORUM.

Il commença ses prédictions 625 ans avant Jésus-Christ. Il prophétisa la ruine de Jérusalem, après quoi il fut emmené prisonnier en Egypte et lapidé.

Pendant du précédent.

Ces deux tableaux viennent de l'église des Bénédictins de San-Piètro, à Pérouse.

VECELLIO (Tiziano), dit LE TITIEN, *né au bourg de Pieve, province de Cadore, en 1477, mort à Venise en 1576.* (Ecole vénitienne.)

Dès son enfance, il montra de grandes dispositions pour la peinture. Il fut successivement élève de Sébastiano Zaccato, de Gentile et de Giovanni Bellini. Il imita d'abord son maître, puis il prit pour modèle les ouvrages de son ancien condisciple Giorgion. A la mort de ce dernier, Titien resta sans rival, et dès lors commença pour lui cette longue carrière qui fut un triomphe continuel, et qu'aucun revers ne vint attrister. Il eut pour protecteurs tous les princes de l'Europe, et pour amis tous les personnages illustres de son temps. Il excella dans tous les genres, et il figure en tête des plus grands coloristes. Il mourut de la peste, les pinceaux à la main, à l'âge de 99 ans. Le nombre de ses élèves est considérable.

Par ou d'après lui :

505 *Jésus portant sa croix, est maltraité par ses bourreaux.* Figures à mi-corps.

Ce tableau, dont une partie est restée à l'état d'ébauche, nous paraît être de la main du Titien.
Un tableau identique, mais tout à fait terminé, existe à Venise dans l'église de Saint-Roch, qui en possède aussi une copie bas-relief en marbre blanc.

H. 0,66. — L. 0,92. B. — C. C^t.

D'après lui :

506 *Vénus couchée.*

Copie d'un tableau de la galerie de Florence.

H. 1,14. — L. 1,64. T. — Acq.

507 *Saint Jérôme dans le désert.*

Le saint à genoux, les yeux fixés sur un crucifix, se frappe la poitrine avec un caillou. Copie réduite.

H. 0,79. — L. 0,65. T. — C. C^t.

508 *Un jeune homme tient la main de sa maîtresse.*

H. 0,87. — L. 0,98. T. — C. C^t.

ÉCOLE ITALIENNE.

De son école :

509 *Portrait de Paolo Scarpi, Vénitien, religieux servite, connu sous le nom de Fra Paolo.*

H. 0,60. — L. 0,54. T. — C. C^t.

VÉRONÈSE (ALEXANDRE) : voir TURCHI.

VÉRONÈSE (PAUL) : voir CALIARI.

VINCI (LIONARDO DA), *né au château de Vinci, près de Florence, en 1452, mort au château de Cloux, près d'Amboise, en 1519.* (École florentine.)

Ce grand homme, dont le génie universel avait devancé son siècle, était à la fois peintre, sculpteur, architecte, ingénieur, physicien, écrivain et musicien. Il était fils naturel d'un notaire de Florence, et il fut élève d'*Andrea del Verochio*, sculpteur habile et peintre. Ensuite, il se rendit à Milan, où il fonda une académie, que fréquentèrent des artistes déjà célèbres. Ce fut pendant son séjour dans cette ville, vers 1496, qu'il peignit à l'huile, sur les murs du réfectoire, dans le couvent de Santa Maria delle Grazie, la fameuse *Cène*, qui mit le sceau à sa réputation. Après nombre de voyages en Italie, soit comme peintre, soit comme ingénieur, il vint à Paris en 1516, sur les instances de François Ier. Ses élèves, Salaï et Melzi, l'accompagnèrent, et il apporta avec lui le carton de la Sainte Anne et le portrait de Mona Lisa. Le Vinci ne peignit point en France ; il y fut constamment malade, et, après quelques années de séjour, il mourut à Cloux, près d'Amboise, tandis que François Ier résidait en Saint-Germain-en-Laye ; il ne put donc mourir dans les bras du roi, ainsi que l'ont avancé quelques écrivains. Quoique ne s'occupant pas exclusivement de peinture, Vinci est arrivé dans cet art à une hauteur à laquelle peu d'artistes ont pu atteindre. Son dessin, savant et fin, son style empreint d'une grâce inexprimable, la puissance de son clair-obscur, donnent à ses œuvres une valeur inappréciable. Ses tableaux originaux sont fort rares. Le plus grand nombre de ceux qu'on lui attribue ont été peints par ses élèves, dont les principaux sont: B. Luini, G.-A. Beltraffio, Credi, Gaudenzio Ferrari, Marco da Oggione, etc., etc.

510 *La Vierge, l'Enfant Jésus, Saint Jean et un ange,* tableau dit *la Vierge aux Rochers.*

L'Enfant Jésus, soutenu par un ange, donne sa bénédiction au jeune saint Jean que lui présente la Vierge. Dans le fond, une grotte et des rochers fantastiques, qui ont fait nommer ce tableau la *Vierge aux Rochers*. Admirable copie, ou répétition du tableau du Louvre. M. Villot, dans la notice des tableaux de cette galerie, cite notre Vierge comme une *fort belle répétition.*

H. 1,83. — L. 1,33. T. — C. C^t.

511 *La Vierge aux Rochers.*

Copie du même tableau.

H. 1,66. — L. 1 m. T. — C. C^t.

VISO (A.-S.), *vivait dans le XVIIe siècle.*

512 *La Vierge et l'Enfant Jésus.*

Signé : A.-S. Viso. 1690.

H. 0,65. — L. 0,49. T. — C. C^t.

VIVARINI (Bartolommeo), *né à Muranno, vivait dans la seconde moitié du XVe siècle.* (Ecole vénitienne.)

Il était à Venise, lorsqu'on y importa la peinture à l'huile. Il fut un des premiers à en faire usage, et il obtint un succès remarquable, même auprès des Bellini dont il était contemporain. Le dernier de ses ouvrages connus, porte la date de 1498. Il plaçait quelquefois dans ses tableaux un chardonneret (Vivarino), par allusion à son nom de famille.

On lui attribue :

513 *Sainte Famille.*

L'Enfant Jésus, debout sur une table et soutenu par sa mère, tient à la main un chardonneret. Derrière eux saint Joseph s'appuyant sur un bâton.

H. 0,60. — L. 0,40. B. — C. C^t.

VIVIANI (Ottavio), *élève du* Sandrino, *vivait vers la fin du XVIIe siècle.*

514 *Palais et ruines antiques.*

H. 0,28. — L. 0,36. T. — C. C^t.

ZAMPIERI (Domenico), dit Il DOMENICHINO, ou LE DOMINICAIN, *né à Bologne en* 1581, *mort à Naples en* 1641. (Ecole bolonaise.)

Denis Calvaert fut son premier maître, qu'il quitta bientôt pour entrer dans l'école des Carraches, où sa timidité fit longtemps méconnaître son talent. L'Albane, qui lui avait voué une amitié sincère, l'appela auprès de lui à Rome, où Annibal Carrache l'employa à divers travaux. Le talent dont il fit preuve et surtout le succès de son fameux tableau de la

COMMUNION DE SAINT-GÉRÔME, excitèrent la jalousie de ses rivaux, et le forcèrent de quitter Rome, où il revint cependant à plusieurs reprises pour y exécuter divers travaux. Enfin, on lui proposa de décorer la chapelle de Saint-Janvier de Naples, que Josépin, le Guide et le Gessi, persécutés par les peintres napolitains, avaient été obligés d'abandonner. Il accepta, mais les odieuses persécutions dont il fut victime, hâtèrent sa mort, que sa femme attribua à un empoisonnement.

On lui attribue :

515 *Saint Janvier offrant son sang à Dieu.*

H. 0,76. — L. 0,66. Fig. à mi-corps. T. — C. C^t.

516 *Une Thébaïde,* paysage dans lequel on remarque deux ermites en prière.

H. 0,67. — L. 0,50. T. — Acq.

D'après lui :

517 *Communion de Saint Jérôme.*

Il reçoit le viatique avant de mourir, dans l'église de Bethléem, à l'âge de 90 ans.

H. 1,38. — L. 0,76. T. — C. C^t.

L'original faisait partie des cent articles livrés par Pie VI, en conformité du traité de Tolentino, et qui ont été repris en 1815.

De son école :

518 *Saint Jean l'évangéliste tenant une plume de la main droite.*

Copie.

H. 0,68. — L. 0,54. Fig. à mi-corps. T. — C. C^t.

ZUCCHERO (TADDEO), *né dans le duché d'Urbain en* 1529, *mort en* 1566. (Ecole romaine.)

Il fut élève de son père, et il travailla pour les papes Jules III et Paul IV.

On lui attribue :

519 *Les vertus cardinales*, tableau allégorique.

H. 0,41. — L. 0,33. T. — C. C^t.

ARTISTES INCONNUS.

520 *Sainte Cécile.*

Copie moderne d'un tableau de l'école italienne.

H. 0,36. — L. 0,28. B. — C. U. de S.-B.

521 *Eliezer et Rebecca.*

H. 1,16. — L. 1,43. T. — C. C^t.

522 *Adoration des Bergers.*

H. 1,16. — L. 1,43. T. — C. C^t.

523 *La femme adultère.*

H. 0,59. — L. 0,50. T. — C. C^t.

ÉCOLE ITALIENNE.

524 *Vue prise au bord de la mer.*

H. 0,21. — L. 0,21. B. Rond. — C. C^t.

525 *La Vierge, caressée par l'Enfant Jésus,* peinture en détrempe.

H. 0,73. — L. 0,51. B. — C. C^t.

526 *Jésus présenté au peuple.*

Morceau de tableau attribué à Jean Cantarino, vénitien, né en 1549, et mort en 1605.

H. 0,43. — L. 1,33. B. — C. C^t.

527 *Sainte Catherine,* demi-figure.

Elle montre du doigt une inscription.

Nous n'avons pu encore découvrir l'auteur de ce remarquable tableau.

H. 0,66. — L. 0,46. T. — C. C^t.

528 *La Vierge et l'Enfant Jésus s'embrassant.*

H. 0,50. — L. 0,40. T. — C. C^t.

529 *Tête d'apôtre.*

H. 0,30. — L. 0,23. T. — C. C^t.

530 *Guirlande de fleurs soutenue par des amours.*

H. 1,33. — L. 1 m. T. — C. C^t.

531 *Sainte Famille.*

H. 1 m. — L. 0,66. T. — C. C^t.

ÉCOLE ITALIENNE.

532 *Saint Jérôme croyant entendre la trompette du jugement,* copie.

H. 0,62. — L. 0,46. T. — C. C^t.

533 *Annonciation.*

Tableau du XVIe siècle, ainsi que le constate l'ornement renaissance peint sur le côté du siége de la Vierge.

H. 0,27. — L. 0,40. Ardoise. — C. C^t.

534 *Tableau de l'école florentine au XVe siècle, que l'on croit représenter différents traits de la vie de saint Benoist.*

H. 0,27. — L. 0,32. B. — C. C^t.

535 *Tête d'enfant.*

H. 0,41. — L. 0,27. T. — C. C^t.

536 *Sainte Famille.*

L'Enfant Jésus caresse saint Jean.

H. 0,70. — L. 0,65. T. — C. C^t.

537 *Etudes d'enfants.*

H. 1,11. — L. 1,05. T. — C. C^t.

538 *Vision de saint Jérôme.*

Des anges lui annoncent le jugement dernier.

H. 0,60. — L. 0,50. T. — C. C^t.

539 *La Vierge, saint Jean l'évangéliste et le donateur du tableau.*

H. 0,71. — L. 0,57. B. — C. C^t.

540 *Saint Jean-Baptiste et saint Antoine.*

Pendant du précédent.

Ces deux tableaux paraissent être de l'école d'Andrea Verocchio.

541 *Génie du Christianisme.*

Allégorie sous la figure d'un enfant.

H. 0,65. — L. 0,50. T. — Acq. 1843.

542 *Portrait d'un vieillard à barbe blanche, coiffé d'un bonnet carré, et disant son chapelet.*

H. 0,38. — L. 0,33. T. — C. C^t.

543 *Portrait que l'on croit être celui de Claude de France, première femme de François Ier.*

H. 0,62. — L. 0,49. T. — C. C^t.

544 *Paysage d'un grand caractère. Au premier plan, un homme et une femme gardent des chèvres.*

H. 0,62. — L. 0,97. T. — C. C^t.

545 *La Vierge et l'Enfant Jésus s'embrassant.*

H. 0,50. — L. 0,38. T. — C. C^t.

546 *La Vierge, au pied de la croix, tient le Christ mort sur ses genoux.*

H. 0,89. — L. 0,62. T. — C. C^t.

547 *Paysage accidenté avec figures.*

H. 0,50. — L. 0,72. T. — C. C^t.

548 *Portrait d'un jeune ecclésiastique, coiffé d'un bonnet carré.*

H. 0,46. — L. 0,38. T. — C. C^t.

549 *Le Christ mort, soutenu par des anges.*

H. 0,66. — L. 0,51. T. — C. C^t.

550 *La Vierge tenant l'Enfant Jésus debout sur ses genoux.*

H. 0,90. — L. 0,67. T. — C. C^t.

551 *Jeune femme, coiffée d'un turban, tenant un vase placé sur une table.*

H. 0,21. — L. 0,18. T. — C. C^t.

552 *Saint Sébastien, attaché à un arbre.*

H. 2 m. — L. 0,92. T. — C. C^t.

553 *Jeune garçon tenant une oie.*

H. 0,90. — L. 0,74. T. — Acq. 1851.

554 *Marine au lever de la lune.*

Un homme décharge des instruments de

pêche d'une charrette attelée de deux bœufs. Au large, on chauffe un navire.

H. 0,38. — L. 0,48. T. — C. C‍t.

555 *Caïn après son crime*, demi-figure.

H. 0,92. — L. 0,74. T. — C. C‍t.

556 *Une dame montre à sa servante une bouteille déposée sur un meuble, et semble lui adresser des reproches.*

H. 1,35. — L. 1 m. T. — C. C‍t.

557 *Mercure frappant Aglaure de son caducée.*

H. 1,30. — L. 0,92. T. — C. C‍t.

558 *Paysage,* effet de soleil masqué par des arbres.

H. 0,50. — L. 0,74. T. — C. C‍t.

559 *Troupeaux de vaches, bœufs et moutons, conduits par un homme à cheval, dans la campagne de Rome.*

H. 0,42. — L. 0,62. T. — C. C‍t.

560 *Saint-François-de-Paule, passant la mer sur son manteau, avec ses compagnons, sous la conduite d'un ange.*

H. 0,70. — L. 0,40. T. — C. C‍t.

561 *La femme adultère, amenée devant Jésus par des soldats. Notre-Seigneur se baisse pour*

ÉCOLE ITALIENNE.

écrire : Que celui de vous qui est sans péché lui jette la première pierre.

H. 1,28. — L. 0,92. — C. C*t*.

562 *La Vierge tenant l'Enfant Jésus debout.*

H. 0,97. — L. 0,73. B. — C. C*t*.

563 *Mariage de sainte Catherine.*

H. 0,25. — L. 0,49. T. — C. C*t*.

564 *Ecce Homo.*

A été quelquefois attribué à Daniel de Voltère.

H. 0,38. — L. 0,32. B. Octogone. — C. C*t*.

565 *L'Enfant Jésus caressant sa mère*, fond de paysage.

Ouvrage des premiers temps de la peinture à l'huile.

H. 0,73. — L. 0,70. — C. C*t*.

566 *Très-beau portrait.*

H. 0,35. — L. 0,30. T. — C. C*t*.

567 *Vue du palais de la reine Jeanne, qu'on voit près de la Mergellina, à Naples.*

Réception solennelle d'une reine arrivant par mer.

Ecole napolitaine.

H. 0,976. — L. 1,624. T. — C. C*t*.

568 *La Vierge, l'Enfant Jésus et sainte Catherine de Sienne.*

Mariage mystique.

H. 0,49. — L. 0,35. T. — C. C^t.

569 *Saint Jean-de-Dieu.*

Demi-figure. Le saint porte un cilice de fer.

H. 0,50. — L. 0,38. T. — C. C^t.

570 *Tête de Satyre ou de Midas.*

H. 0,38. — L. 0,32. T. — C. C^t.

571 *Portrait du pape Marcel II.*

H. 0,65. — L. 0,43. T. — C. C^t.

572 *Tableau de fruits et de fleurs.*

Cerises, limons, tulipes, etc.

H. 1,01. — L. 0,71. T. — C. C^t.

573 *Coq, poule, paons et pigeons.*

H. 1,057. — L. 0,79. T. — C. C^t.

574 *Tableau de fruits disposés dans des plats de porcelaine.*

Un singe mange un fruit.

H. 1,030. — L. 1,354. B. — C. C^t.

575 *Adoration des bergers.*

H. 0,27. — L. 0,16. Albâtre. — C. C^t.

ÉCOLE ITALIENNE.

576 *Lapidation de saint Etienne.*

H. 0,19. — L. 0,25. Albâtre. — C. C^t.

577 *Conversion de saint Paul.*

H. 0,19. — L. 0,25. Albâtre. — C. C^t.

578 *Mariage mystique de Sainte Catherine de Sienne.* Fond doré.

H. 0,324. — L. 0,25. B. — C. C^t.

579 *Un amant et sa maîtresse.*

H. 0,976. — L. 0,653. T. — C. C^t.

580 *Prêtre montrant un corporal sanglant,* esquisse.

H. 0,90. — L. 0,70. T. — C. C^t.

581 *Sainte Madeleine.* Demi-figure nue.

Ses mains jointes s'appuient sur un livre qu'elle lit.

H. 0,90. — L. 0,70. T. — C. C^t.

582 *Portrait d'une chanteuse italienne du XVIe siècle.*

Justaucorps rouge, la tête ornée d'une cocarde ; elle tient un rouleau de musique.

H. 0,68. — L. 0,60. T. — C. C^t.

ÉCOLE ITALIENNE.

583 *Saint Barthélemy tenant l'instrument de son martyre.* Demi-figure.

H. 0,70. — L. 0,52. T. — C. C^t.

584 *Saint Sébastien, vu de profil et à mi-corps.*

H. 0,976. — L. 0,70. T. — C. C^t.

585 *Jeune fille joignant les mains et levant les yeux au ciel.*

H. 0,324. — L. 0,243. T. — C. C^t.

586 *Saint-Marc composant son Evangile.*

H. 0,43. — L. 0,35. T. — C. C^t.

587 *Raisins, figues, passe-musqués, etc.*

H. 0,38. — L. 0,324. T. — C. C^t.

588 *Enfant apportant des fleurs à une femme demi-nue.*

Allégorie du printemps.

H. 0,976. — L. 1,30. T. — C. C^t.

589 *Portrait du cardinal Paul-Emile, évêque de..., coiffé de la barrette rouge, et portant des moustaches.*

H. 0,62. — L. 0,41. T. — C. C^t.

590 *Saint Jérôme tenant une tête de mort, et méditant.*

H. 0,216. — L. 0,189. B. — C. C^t.

ÉCOLE ITALIENNE.

591 *Abraham, suivi d'Isaac portant du bois pour le sacrifice.*

H. 0,270. — L. 0,324. B. Ovale. — C. C^t.

592 *Saint Sébastien*, demi-figure.

H. 0,976. — L. 0,76. T. — C. C^t.

593 *Christ couronné d'épines, et tenant un roseau.*

H. 0,52. — L. 0,43. T. — C. C^t.

594 *Fruits et fleurs* : raisins, pêches, tulipes et anémones.

H. 0,976. — L. 1,192. T. — C. C^t.

595 *La danse du Mai*, fond de paysage.

H. 0,56. — L. 0,90. B. — C. C^t.

596 *Paysage historique*, personnages sur le devant, fond de montagne.

H. 0,976. — L. 1,30. T. — C. C^t.

597 *Berger antique soufflant dans un instrument champêtre.*

H. 0,976. — L. 0,73. T. — C. C^t.

598 *Sainte Lucie tenant la palme du martyre.*

Elle la montre des yeux pour indiquer le supplice qui lui est réservé.

H. 0,976. — L. 0,82. B. — C. C^t.

599 *Portrait d'un très-jeune homme rappelant assez un saint Jean.*

H. 0,35. — L. 0,27. T. — C. C^t.

600 *Portrait d'une jeune religieuse.*

H. 0,324. — L. 0,270. T. — C. C^t.

601 *Portrait du pape Pie V.*

D'après Scipion Gaëtano, célèbre peintre de portraits, vers le milieu du XVIe siècle. (Ecole romaine.)

H. 0,38. — L. 0,27. T. — C. C^t.

602 *Portrait du pape Innocent XI.*

H. 0,41. — L. 0,27. T. — C. C^t.

603 *Portrait d'un pape.*

D'après Scipion Gaëtano.

H. 0,65. — L. 0,46. T. — C. C^t.

604 *Portrait du pape Innocent XII.* (Pignatelli.)

H. 0,43. — L. 0,46. T. — C. C^t.

605 *Saint Simon, apôtre.*

Il tient une scie, instrument de son martyre.

H. 0,62. — L. 0,49. T. — C. C^t.

ÉCOLE ITALIENNE.

606 *Adoration des bergers*, fond de paysage.

H. 0,81. — L. 1,03. T. — C. C^t.

607 *Vue de Rome.*

Au premier plan, on voit une partie d'un temple d'ordre dorique; dans le fond, des ruines portant une inscription.

H. 0,57. — L. 0,46. — C. C^t.

608 *Tableau allégorique.* Femmes, génies portant des fleurs. Retour du printemps.

H. 0,41. — L. 0,46. T. — C. C^t.

609 *Joseph racontant ses songes à ses frères.*

H. 0,73. — L. 0,84. T. — C. C^t.

610 *Récollet tenant un crucifix.*

H. 0,52. — L. 0,41. T. — C. C^t.

611 *Tableau de fleurs, principalement d'œillets.*

H. 0,41. — L. 0,35. T. — C. C^t.

612 *Fleurs variées dans un vase doré :* la base figure des griffons.

H. 0,46. — L. 0,54. T. — C. C^t.

613 *Portrait d'un chanoine en bonnet carré,* moustaches et cheveux gris.

H. 0,46. — L. 0,38. T. — C. C^t.

ÉCOLE ITALIENNE.

614 *Tête d'ange,* auréole dorée.

H. 0,653. — L. 0,54. T. — C. C^t.

615 *Tête de Vierge,* auréole dorée.

Pendant du précédent.

616 *Les trois jeunes gens dans la fournaise,* demi-figures.

H. 0,49. — L. 0,653. T. — C. C^t.

617 *L'Ange et la Vierge,* auréoles dorées.

H. 0,49. — L. 0,653. T. — C. C^t.

618 *La Vierge africaine.*

H. 0,60. — L. 0,44. B. — C. C^t.

619 *Paysage.* Site des environs de Naples.

Trois personnes dansent au son de la vielle, au bord de la mer.

H. 0,41. — L. 0,57. T. — C. C^t.

620 *Tableau de fruits.* Une jeune fille les arrange.

H. 1,232. — L. 1,273. T. — C. C^t.

621 *Portrait de Nicolas Poussin, jeune homme.*

H. 0,49. — L. 0,38. T. — C. C^t.

ÉCOLE ITALIENNE.

622 *Sainte Famille.*

Saint Jean donne un chardonneret à Jésus.

H. 0,976. — L. 0,70. T. — C. C^t.

623 *Intérieur d'une mosquée.*

H. 0,976. — L. 1,354. T. — C. C^t.

624 *La Vierge et l'Enfant Jésus accueillant le petit saint Jean.* Derrière eux, saint Barthélemy.

H. 1,084. — L. 0,82. B. — C. C^t.

625 *Tête de vieillard voilée.*

H. 0,82. — L. 0,46. T. — C. C^t.

626 *L'Enfant Jésus, sur les genoux de sa mère, présente une branche de lis à sainte Catherine d'Alexandrie.*

H. 0,976. — L. 0,74. T. — C. C^t.

627 *Jésus mort, soutenu par un ange.*

H. 0,68. — L. 0,49. T. — C. C^t.

628 *Sainte Famille.*

L'Enfant Jésus dort sur sa mère, qui désigne le ciel comme le véritable lieu de repos de son fils. Saint Joseph sommeille.

H. 0,653. — L. 0,49. T. — C. C^t.

629 *La Foi, l'Espérance et la Charité.*

H. 0,378. — L. 0,27. B. — C. C^t.

630 *La Reine des Cieux tenant son fils, et bénissant le monde.*

H. 0,324. — L. 0,243. T. — C. C^t.

631 *Tancrède et Herminie.*

H. 0,49. — L. 0,653. T. — C. C^t.

632 *La Vierge, les mains jointes.*

H. 0,653. — L. 0,46. T. — C. C^t.

633 *Portefaix italien faisant des ballots, près d'un portique en ruine.*

H. 0,38. — L. 0,36. T. — C. C^t.

634 *Pendant du précédent.*

Composition du même genre : on voit une tour carrée.

635 *Portrait d'un religieux à barbe grise, courte.*

H. 0,38. — L. 0,324. T. — C. C^t.

636 *Paysage.*

Un homme et une femme sur le premier plan.

H. 0,707. — L. 0,976. T. — C. C^t.

637 *Paysage à quatre plans.*

H. 0,869. — L. 0,76. T. — C. C^t.

638 *Jésus-Christ portant sa croix*, esquisse d'un grand tableau qui existait à Rome dans une chapelle de Saint-Pierre *in Montorio*.

D'après Fiamingo Schizzo.

H. 0,46. — L. 0,653. T. — C. C^t.

639 *Sainte Famille.*

H. 1 m. — L. 0,73 T. — C. C^t.

640 *Bohémienne disant la bonne aventure.*

H. 0,62. — L. 1,11. T. — C. C^t.

641 *Hérodiade recevant la tête de saint Jean.*

H. 0,92. — L. 0,70. T. — C. C^t.

642 *Lot donnant l'hospitalité aux trois Anges.*

H. 0,68. — L. 0,95. T. — C. C^t.

643 *La Charité romaine.*

H. 0,976. — L. 0,70. T. — C. C^t.

644 *Le Christ mort, entre deux anges.*

H. 1,02. — L. 1,95. B. — C. C^t

645 *Enfant nu.*

H. 0,89. — L. 0,48. T. — C. C*t*.

646 *Autre enfant nu.*

H. 0,89. — L. 0,48. T. — C. C*t*.

647 *Vieille femme méditant sur une tête de mort, éclairée par un flambeau qu'elle tient à la main.*

H. 0,653. — L. 0,52. T. — C. C*t*.

648 *Andromède et Persée.*

D'après Arpino.

H. 0,55. — L. 0,38. T. — C. C*t*.

649 *Tête d'apôtre.*

H. 0,297. — L. 0,189. T. — C. C*t*.

650 *Vierge en prière, les mains jointes.*

H. 0,653. — L. 0,44. T. — C. C*t*.

651 *Vue d'un couvent sur le bord de la mer (grisaille).*

H. 0,49. — L. 0,976. T. — C. C*t*.

652 *Sainte Femme couverte d'un voile et d'un manteau bleu.*

H. 0,653. — L. 0,44. T. — C. C*t*.

653 *L'Enfant Jésus donnant la paix au monde.*

H. 0,40. — L. 0,324. T. — C. C^t.

654 *Tête de femme enveloppée d'un voile blanc et d'un manteau bleu, les mains jointes.*

H. 0,52. — L. 0,44. T. — C. C^t.

655 *Tobie et l'Ange.*

H. 0,653. — L. 0,87. — T. — C. C^t.

656 *Tobie en prière.*

H. 0,653. — L. 0,62. T. — C. C^t.

657 *Tête de vieillard.*

H. 0,46. — L. 0,38. T. — C. C^t.

658 *Guirlande de fleurs autour de laquelle volent plusieurs oiseaux.*

H. 0,70. — L. 1,408. T. — C. C^t.

659 *Trois hommes de différentes classes paraissent se consulter au bord de la mer.*

Episode de la conspiration de Masaniello.

H. 0,28. — L. 0,28. T. — C. C^t.

660 *La Vierge et l'Enfant Jésus dans les cieux.*

Des anges volent autour d'eux.

H. 0,34. — L. 0,27. T. — C. C^t.

ÉCOLE ITALIENNE.

661 *Ruines d'Italie.*

Guerriers.

H. 0,74. — L. 0,50. T. — C. C^t.

662 *La Vierge se présente au temple avec Jésus et saint Joseph.*

H. 0,67. — L. 0,50. T. — C. C^t.

663 *Adoration des bergers.*

H. 0,85 — L. 0,70. T. — C. C^t.

664 *Repos de la Sainte Famille.*

On voit accrochées à un arbre les armoiries du cardinal de Rohan.

H. 0,73. — L. 0,60. T. — C. C^t.

665 *Un ange, appuyé sur une horloge de sable.*

H. 0,33. — L. 0,30. T. — C. C^t.

666 *Paysage.*

Animaux, berger antique.

H. 0,28. — L. 0,67. T. — C. C^t.

667 *Vierge avec l'Enfant Jésus.*

H. 0,60. — L. 0,45. T. — C. C^t.

668 *Jeune satyre dont on a voulu faire un saint Jean.*

Tableau mutilé.

H. 0,65. — L. 0,55. T. — C. C^t.

ÉCOLE ITALIENNE.

669 *Tête de Vierge, avec un voile bleu.*

H. 0,40. — L. 0,30. T. — C. C^t.

670 *Vierge en lecture.*

Quatre anges sont auprès d'elle.

H. 0,60. — L. 0,45. T. — C. C^t.

671 *Sainte Famille, qui a quelques rapports avec la Vierge, dite de Fontainebleau.*

H. 1 m. — L. 0,75. T. — C. C^t.

672 *Berger soufflant dans un instrument champêtre.*

H. 0,95. — L. 0,70. T. — C. C^t.

673 *Sainte Famille.*

Saint Joseph offre une cerise à l'Enfant Jésus.

H. 0,70. — L. 0,58. T. — C. C^t.

674 *Christ montrant ses plaies.*

H. 0,60. — L. 0,48. T. — C. C^t.

675 *Les quatre saisons.*

Grand paysage avec figures.

H. 1 m. — L. 1,35. T. — C. C^t.

676 *Paysage.*

Fuite en Egypte.

H. 0,70. — L. 0,95. T. — C. C^t.

677 *Grand paysage.*

H. 0,90. — L. 1,26. T. — C. C^t.

678 *Adoration des Rois Mages.*

H. 0,40. — L. 0,32. T. — C. C^t.

679 *Jeune berger vêtu de rouge, avec chèvres.*

H. 0,35. — L. 0,43. T. — C. C^t.

680 *Saint Paul, ermite.*

H. 0,63. — L. 0,43. T. — C. C^t.

681 *Paysage.*

Sur le devant, on voit une femme à cheval; un homme marche près d'elle.

H. 0,65. — L. 0,95. T. — C. C^t.

682 *Sommeil de l'Enfant Jésus.*

H. 0,30. — L. 0,35. T. — C. C^t.

683 *Sainte Femme, les mains jointes.*

H. 0,40. — L. 0,35. T. — C. C^t.

684 *Saint-Jean, évangéliste,* demi-figure.

H. 0,65. — L. 0,50. T. — C. C^t.

685 *Herminie et les bergers.*

H. 1,30. — L. 1,65. T. — C. C^t.

ÉCOLE ITALIENNE.

686 *Sainte Femme, les yeux levés vers le ciel.* Tête colossale.

H. 1 m. — L. 0,85. T. — C. C^t.

687 *Un apôtre.* Demi-figure.

H. 1 m. — L. 0,85. T. — C. C^t.

688 *Saint Joseph tient dans ses bras l'Enfant Jésus, qui joue avec sa barbe.*

H. 1 m. — L. 0,85. — T. — C. C^t.

689 *Tête d'apôtre colossale.*

H. 1 m. — L. 0,85. T. — C. C^t.

690 *Adoration des bergers.*

H. 1,10. — L. 1,35. T. — C. C^t.

691 *David, jouant de la harpe.*

H. 1,60. — L. 1 m. T. — C. C^t.

692 *Jacob chez les filles de Laban.*

H. 1,15. — L. 1,70. T. — C. C^t.

693 *Sainte Famille; l'Enfant Jésus est debout sur les genoux de sa mère.*

H. 1,30. — L. 1 m. T. — C. C^t.

694 *Tableau de fleurs et de fruits.*

H. 0,75. — L. 1,10. T. — C. C^t.

ÉCOLE ITALIENNE.

695 *Fleurs et fruits.*

H. 0,75. — L. 1,10. T. — C. C^t.

696 *Tableau de fruits.*

H. 0,75. — L. 1,10. T. — C. C^t.

697 *Jeune femme, armée d'une épée.*

H. 0,75. — L. 0,60. T. — C. C^t.

698 *Un Amour.* Demi-figure.

H. 0,40. — L. 0,40. T. — C. C^t.

699 *Des muletiers sont arrêtés près d'une ruine; deux cavaliers arrivent au galop.*

H. 0,48. — L. 0,64. T. — C. C^t.

700 *Calvaire. Jésus sur la croix entre les deux larrons.*

H. 0,53. — L. 0,40. T. — C. C^t.

701 *Intérieur d'un palais.*

Le reniement de Saint-Pierre.

H. 0,39. — L. 0,24. Ardoise. — C. C^t.

702 *Saint-Gérôme promettant de ne plus pécher.*

De l'école du *Calabreze.*

H. 1,43. — L. 1 m. T. — C. C^t.

703 *Cavalier tenant une masse d'armes.*

Gravé dans l'œuvre d'Etienne Della-Bella, peintre florentin.

H. 0,22. — L. 0,22. — C. C^t.

704 *Jésus-Christ porté au tombeau.*

H. 1,22. — L. 0,80. — C. C^t.

OUVRAGES TRÈS-ANCIENS.

705 *Baptême de Jésus-Christ par saint Jean.*

Peint sur bois, en détrempe (forme ogivale).

H. 0,94. — L. 0,46. B. — C. C^t.

706 *La Vierge morte, et entourée des Apôtres.*

H. 0,976. — L. 0,724. B. — Peinture en détrempe. — C. C^t.

707 *Jésus mort et soutenu par deux anges.*

H. 1,084. — L. 1,894. B. — C. C^t.

708 *Madone africaine, adorée par deux anges.*

H. 1,21. — L. 0,64. — Toile et bois. — Peinture en détrempe. — C. C^t.

709 *Madone et 3 autres sujets dans un seul cadre.*

H. 0,36. — L. 0,45. — B. — Peint en détrempe. — C. C^t.

710 *Sainte Agnès caressant l'agneau, symbole de sa pureté.*

H. 0,43. — L. 0,216. B. — Peint en détrempe. — C. C^t.

711 *La Cène.*

Petit tableau de l'école de Giotto.

H. 0,324. — L. 0,111. Ogive. B. — C. C^t.

712 *La Vierge sur son trône, entourée de saint Michel, saint Augustin, saint Joseph et saint Jean-Baptiste.*

H. 0,324. — L. 0,162. B. — Fond doré. — Peint à la colle. — C. C^t.

713 *Saint François-d'Assises recevant les stigmates.*

H. 0,162. — L. 0,54. B., à la colle. — C. C^t.

714 *Jésus mort, et assis dans son tombeau.*

H. 0,135. — L. 0,27. B., à la colle. — C. C^t.

715 *Christ en croix entre les deux larrons. Sainte Vierge, saint Jean, sainte Marie-Madeleine ; soldats.*

H. 0,52. — L. 0,48. B. — C. C^t.

746 *Ange dans la posture de l'adoration.*

H. 0,243. — L. 0,108. B. — Peint en détrempe, fond doré. — C. C^t.

717 *Autre ange adorant.*

H. 0,243. — L. 0,108. B. — Peint en détrempe, fond doré. — C. C^t.

718 *Evêque.*

H. 0,35. — L. 0,108. B. — Peint en détrempe, fond doré. — C. C^t.

ANCIENNE ÉCOLE DE FLORENCE.

719 *Evêque mitré, et tenant sa crosse.*

H. 0,73. — L. 0,38. — Figure entière, peinte en détrempe; sur bois, fond d'or. — C. C^t.

720 *Saint Antoine et Saint...., évêque.*

H. 1,84. — L. 0,70. B. — Tableau exécuté en détrempe; fond doré, forme ogivale. — C. C^t.

721 *Mosaïque représentant les ruines du Colisée à Rome.*

H. 0,27. — L. 0,243. — C. C¹.

Ce morceau remarquable fut donné, en présent, par le Pape Pie VI, à Cacault, notre compatriote, lorsqu'il était à Rome, chargé des affaires de la République près du Saint-Siége.

ÉCOLE ESPAGNOLE.

CANO (Alonzo), *né à Grenade en 1601, mort en 1667.* (Ecole espagnole.)

Comme Michel-Ange, Alonzo fut peintre, sculpteur et architecte. Son père, *Miguel Cano,* charpentier-assembleur, lui montra les éléments du dessin architectural. Francisco Pacheco, maître de Velasquez et Juan del Castillo, premier maître de Murillo, lui apprirent à peindre. La sculpture lui fut enseignée par Juan-Martinez Montanes. En 1637, à la suite d'un duel, il se réfugia à Madrid, où, sur la recommandation de Velasquez, il fut nommé peintre du roi. De retour à Grenade, en 1651, il obtint une prébande à la cathédrale. Après maints incidents suscités par l'opiniâtreté de son caractère, il y mourut à l'âge de 66 ans. Les œuvres de Cano brillent surtout par la grâce et la suavité. Son dessin est correct, et ses compositions pleines de sagesse, de goût et d'harmonie. Ses principaux élèves sont : Pedro de Mena et Jose de Mora, pour la sculpture; Alonzo de Mesa, Miquel-Geronimo Cieza, etc., pour la peinture.

On lui attribue :

722 *Sainte Famille.*

Saint Jean présente à l'Enfant Jésus une croix et divers instruments de la passion.

H. 1,27. — L. 0,86. T. — C. C^t.

MURILLO (Bartolomé-Estéban), *né à Séville en 1618, mort en 1682.*

Son premier maître fut *Juan del Castillo*; il alla ensuite à Madrid, où il se mit sous la direction de Velasquez, qui lui facilita les moyens de copier les chefs-d'œuvre des collections royales. Il s'attacha surtout à Titien, Rubens, Van Dyck, Ribera et Velasquez. Après deux ans d'absence, il retourna à Séville, et c'est depuis cette époque qu'il produisit cette innombrable quantité de tableaux auxquels il dut son immense réputation et sa fortune. Appelé à Cadix, en 1681, pour peindre dans un couvent, il tomba du haut d'un échafaud, et revint mourir à Séville, des suites de cette chute. Murillo a excellé dans tous les genres, aussi bien dans les sujets mystiques que dans la représentation des mendiants et des scènes familières. Parmi ses élèves, on cite : Antolinez, Villavicencio et surtout Sébastien Gomez, dit *le Mulâtre de Murillo*, et Meneses Osorio.

723 *Vieillard aveugle, assis sur une pierre; il chante en s'accompagnant de la vielle.*

Dans ce tableau, Murillo se rapproche de la manière de Velasquez.

H. 1,66. — L. 1,03. T. — C. C^t.

724 *Portrait d'une jeune fille, fortement empreint d'un caractère d'extase ascétique; elle est vêtue de bleu, et tient un livre de prières.*

H. 0,62. — L. 0,46. T. — C. C^t.

De son école :

725 *Vieillard à barbe grise, tenant une cruche et se versant du vin rouge.*

H. 0,84. — L. 0,73. T. — C. C^t.

726 *La Vierge tenant l'Enfant Jésus debout,* esquisse.

H. 0,21. — L. 0,17. T. — C. C‍t.

727 *Un ange annonce aux bergers la venue du Christ,* esquisse.

H. 1,40. — L. 1 m. T. — C. C‍t.

RIBERA (le chevalier Josef ou Jusepe de), dit **L'ESPAGNOLET**, *né à Játiva, aujourd'hui San-Felipe, près de Valence, mort à Naples en* 1656.

Il étudia en Espagne sous Francisco Ribalta, et à Rome sous Michel-Ange de Caravage; puis il alla à Parme copier les ouvrages du Corrége. L'insuccès de sa nouvelle manière lui fit reprendre son exécution vigoureuse, et il partit pour Naples, où il acquit une immense réputation et de très-grandes richesses. Le vice-roi, qui était espagnol, le combla de faveurs; l'Académie de Saint-Luc le reçut au nombre de ses membres, et le pape le décora de l'ordre du Christ. Les persécutions qu'il exerça contre les principaux artistes italiens, chargés de décorer la chapelle de Saint-Janvier, et principalement contre le Dominicain, sont une tache que sa gloire même n'a pu effacer. Ribera a fait un nombre considérable de tableaux; il a copié la nature avec une énergique précision. Il affectionnait surtout la représentation des martyrs et des figures de vieillard, qu'il reproduisait avec une effrayante vérité. Il a formé de nombreux élèves, parmi lesquels on remarque Luca Giordano.

728 *Jésus disputant avec les docteurs.*

L'énergie de la couleur et la vérité de l'expression font facilement oublier, en face de ce tableau, la nature étrange des figures qui le composent.

H. 1,15. — L. 1,33. T. — C. C‍t.

D'après lui :

729 *Martyre de saint Barthélemy.*

H. 1,73. — L. 1,32. T. — C. C^t.

730 *Saint Jérôme tenant une tête de mort.*

H. 0,68. — L. 0,55. T. — C. C^t.

VELASQUEZ (Don Diego Rodriguez de Silva Y), né à Séville en 1599, mort à Madrid en 1660.

De l'atelier d'*Herrera le vieux*, il passa dans celui de *Francisco Pacheco;* il étudia ensuite les peintures italiennes et flamandes qui étaient à Séville, puis les ouvrages de Luis Tristan de Tolède. A Madrid, il copia les chefs-d'œuvre de l'Escurial et entra au service de Philippe IV. Le roi le nomma successivement son peintre, huissier de sa chambre, grand maréchal-des-logis, et lui donna 1,000 ducats par an, indépendamment du prix de ses ouvrages. Après plusieurs voyages en Italie, il se fixa à Madrid, où il vécut dans la familiarité du roi, et fut regardé comme le premier peintre de l'Espagne. Velasquez a excellé dans tous les genres, et partout il s'est montré dessinateur savant et coloriste puissant et harmonieux. Il est peut-être le seul peintre espagnol qui n'ait presque jamais représenté de sujets religieux.

731 *Portrait en pied d'une jeune fille coiffée d'une plume blanche, et tenant des fleurs.*

Elle est debout au pied d'un arbre; et plus loin on aperçoit le péristyle d'un palais moresque.

H. 1,16. — L. 0,80. T. — C. C^t.

732 *Portrait d'un jeune prince à cheveux blonds.*

Il est vêtu d'un justaucorps en satin blanc, brodé de soie rose.

H. 0,50. — L. 0,40. T. — C. C^t.

De son école :

733 *Portrait d'une dame en noir, portant un collier de perles.*

H. 0,66. — L. 0,57. T. — C. C^t.

734 *Portrait d'une vieille dame, tenant un livre à fermoir.*

H. 0,72. — L. 0,60. T. — C. C^t.

735 *Portrait à l'état d'ébauche, dans lequel on croit reconnaître Velasquez.*

H. 0,04. — L. 0,33. T. — C. C^t.

ZURBARAN (Francisco), *né à la Fuente de Cantos, en Estramadure, en 1598, mort à Madrid, vers 1662.*

Son père était laboureur, et il suivit d'abord cette profession; mais son goût pour la peinture se fit jour en dépit de tout, et ses parents l'envoyèrent à Séville, chez Juan de Las Roélas. Ses progrès furent si rapides, qu'il surpassa bientôt son maître, et se fit une grande réputation. Il exécuta de nombreux travaux pour les églises et les couvents, et vers la fin de sa carrière, il séjourna à Madrid, où il peignit beaucoup de tableaux de chevalet. Zurbaran s'attacha à copier fidèlement la nature en l'ennoblissant. Ses compositions, même dans les plus petites dimensions, sont graves, sérieuses, et le sentiment austère et religieux y domine toujours. Personne n'a mieux apprécié que lui les rigueurs de la vie ascétique, et n'a mieux rendu les figures pâles et amaigries des moines sous le capuchon de bure.

On lui attribue :

736 *Saint François-d'Assises en extase, et pressant une croix dans ses bras.*

H. 0,65. — L. 0,49. T. — C. C^t.

ARTISTES INCONNUS.

737 *Jeune homme buvant,* étude.

H. 0,67. — L. 0,48. T. — C. C^t.

738 *Deux moines. L'un d'eux lit une sentence morale en grec, et l'autre médite sur une tête de mort.*

La sentence en grec signifie : *la charité et la continence purifient l'âme.*

H. 0,66. — L. 0,89. T. — C. C^t.

739 *Petit mendiant trempant un morceau de pain dans un verre d'eau,* étude.

H. 0,66. — L. 0,49. T. — C. C^t.

ÉCOLE ESPAGNOLE.

740 *Saint Jérôme repentant.*

Ce tableau pourrait bien être d'un peintre français, à l'imitation de l'école espagnole.

H. 1,27. — L. 1 m. T. — C. C^t.

741 *Tête de Saint.*

H. 0,41. — L. 0,30. Forme ovale. T. — C. C^t.

742 *Saint François-d'Assises rendant le dernier soupir, dans les bras de deux anges.*

H. 1,30. — L. 0,81. T. — C. C^t.

743 *Moine lisant à la lueur d'un flambeau.*

H. 0,70. — L. 0,50. T. — C. C^t.

744 *Une vieille femme, accompagnée d'une jeune fille, allume une chandelle à sa lanterne.*

H. 0,64. — L. 0,52. T. — C. C^t.

745 *Enfant blond, habillé de rouge.*

H. 0,38. — L. 0,27. T. — C. C^t.

746 *Saint Pierre en prière.*

H. 0,976. — L. 0,81. — Demi-figure. T. — C. C^t.

747 *Saint Jérôme.*

H. 0,976. — L. 0,81. — Demi-figure. T. — C. C^t.

748 *Jeune femme montrant un stigmate sanglant à un vieillard, scène de nuit.*

H. 0,815. — L. 0,976. T. — C. C^t.

ÉCOLE ESPAGNOLE.

749 *Paysan tenant une bouteille, garnie de paille.*

H. 0,40. — L. 0,653. T. — C. C^t.

750. *Paysanne portant un panier au bras.*

Elle tient un nid d'oiseaux.

H. 0,40. — L. 0,324. T. — C. C^t.

751 *Evêque en contemplation devant la Vierge.*

Un ange lui montre le commencement de l'Évangile selon saint Jean.

H. 0,653. — L. 0,60. T. — C. C^t.

152 *Personnages espagnols arrêtés près d'une ruine.*

Un homme joue de la guitare.

H. 0,47. — L. 0,62. T. — C. C^t.

753 *Jésus au Jardin des Olives.*

Diamètre, 0,30. B., rond. — C. C^t.

754 *Saint François en prière.*

H. 0,50. — L. 0,38. T. — C. C^t.

755 *Un jeune paysan faisant braire un âne.*

H. 0,62. — L. 0,74. T. — C. C^t.

756 *Assomption,* esquisse.

      H. 0,90. — L. 0,45. T. — C. C^t.

757 *Sainte Thérèse en extase, recevant le trait de l'amour divin.*

      H. 0,43. — L. 0,32.

758 *Scène populaire au coin d'une rue.*

      H. 0,16. — L. 0,12. — Cuivre argenté.

ÉCOLES HOLLANDAISE, FLAMANDE ET ALLEMANDE.

AKORF (J.), (Ecole hollandaise.)

759 *Marine.*

Coup de vent dans une rade.

Signé : J. Akorf.

H. 0,57. — L. 0,80. T. — C. C^t.

ALSLOOT (Daniel Van), *né à Bruxelles en 1570, mort en 1620, peintre de l'archiduc Albert.* (Ecole flamande.)

760 *Ferme de la Belle-Alliance, près Bruxelles, où Napoléon Ier établit son quartier-général avant la bataille de Waterloo.*

Signé : D. ab Alsloot, S. R. P., 1609.

H. 0,54. — L. 0,80. C. — Acq. 1850.

APPELMANN (Bernard), *né à la Haye en 1640, mort en 1686.* (Ecole hollandaise.)

Sa vie est fort peu connue ; cependant il fut un des meilleurs paysagistes de son temps. Il a surtout excellé à représenter des vues d'Italie, où il avait longtemps séjourné. Ses paysages, de bon goût, ainsi que les figures qui les animent, sont fort rares en France.

761 *Paysage.*

Un vieux château s'élève sur une montagne pyramidale. A ses pieds, on voit de vastes ruines reflétées par une rivière.

Signé : B. Appelmann.

H. 0,67. — L. 0,65. T. — C. C^t.

ASSELIN (Jean), *né à Anvers vers 1610, mort à Amsterdam en 1660.* (Ecole hollandaise.)

Jean Miel et *Isaie Vandenvelde* furent ses premiers maîtres, mais il suivit d'abord la manière de Pietro Van-Laar, dit Bamboche. Un long séjour en Italie et l'étude de la nature l'aidèrent à se frayer une nouvelle route, et, à son retour à Amsterdam, en 1645, ses ouvrages contribuèrent puissamment à substituer dans le paysage la manière de Claude le Lorrain à celle des Brill et des Breughel. Il peignit quelques tableaux d'histoire et de batailles, mais plus souvent des paysages avec des monuments antiques. On le surnomma *Crabatje*, etc. (petit Crabe), parce qu'il avait une main estropiée et les doigts crochus.

762 *Paysage pris dans la campagne de Rome.*

H. 0,325. — L. 0,243. B. — C. C^t.

BACKUISEN ou **BAKHUYSEN** (Ludolf), *né à Embdem, en Westphalie, en 1631, mort à Amsterdam en 1709.* (Ecole hollandaise.)

Jusqu'à l'âge de 18 ans, il travailla chez un négociant d'Amsterdam, qui prisait fort son remarquable talent de calligraphe. Le succès prodigieux qu'obtinrent des dessins de navires qu'il exécutait sans avoir appris, le décida à se livrer à la peinture. Il choisit pour maître le paysagiste *Aldert Van-Everdingen*, et ne négligea aucun moyen pour arriver à la perfection. L'amour de son art l'entraînait souvent, sur une frêle barque, au milieu des tempêtes, afin d'en rendre les effets avec plus de vérité. Le czar Pierre Ier, le roi de Prusse, et d'autres souverains, lui firent de nombreuses commandes. Malgré ces prodigieux succès, il ne négligea point son talent de calligraphe. Il composa et grava un grand nombre d'exemples d'écriture. Ses principaux élèves ou imitateurs sont : Jan-Klaasze Rietschorf, Hendrick Rietschorf, Michiel Maddersteg, Jan Dubbels et Peter Coopse.

763 *Marine.*

Carénage d'une barque au clair de la lune.

H. 0,57. — L. 0,80. T. — C. C^t.

764 *Marine.*

H. 0,32. — L. 0,38. B. — C. C^t.

BISCAYE, *né en 1622, mort en 1679.*

Il a fait, dans de petites proportions, des copies et des imitations de Rubens, qui sont traitées avec beaucoup d'intelligence.

765 *Allégorie.*

La Paix tient d'une main une corne d'abondance, d'où s'échappent des fruits et de l'or, que reçoivent des enfants : de l'autre, elle éloigne tous les maux de la Guerre. Autour d'elle, sont groupés la Justice, le Commerce et les Arts.

H. 0,77. — L. 1 m. C.

Donné par M. L. Couprie.

BLOEMAERT, BLOEMAR, BLOMART, ou BLOM (Abraham), *né à Gorcum en* 1564, *mort à Utrecht en* 1647. (Ecole hollandaise.)

Il reçut ses premières leçons de son père, *Kornelis Bloemaert*, sculpteur habile et architecte, qui lui faisait copier les dessins de *Frans Floris*. Il le confia ensuite à plusieurs peintres sans talent, qui ne pouvaient rien lui apprendre. A seize ans, il alla à Paris, où il ne fut pas plus heureux dans le choix de ses maîtres. Ce fut donc à son génie seul qu'il dut ses talents abondants et gracieux. En revenant dans son pays, il s'arrêta quelque temps à Herenthals, auprès de *Hieronimus Franck*, puis il revint chez son père à Amsterdam, et finit par se fixer à Utrecht. Il peignit l'histoire, le paysage et les animaux. Il exécuta des grisailles qui furent gravées par J. Muller, H. Goltzius et Saenredam; lui-même grava au burin, à la pointe, sur bois et en camaïeu. Abraham eut quatre fils : Hendrick, Frederik, Kornélis et Adriaan. Ils furent ses élèves, mais ils s'attachèrent plus à la gravure et au dessin qu'à la peinture.

766 *Madeleine repentante.*

Elle conserve encore tous les ornements de la vanité; mais, touchée par le repentir, elle se voue à la pénitence.

Signé : A. Bloemaert. 1619.

H. 1,43. — L. 1 m. T. — C. C^t.

BLOEMEN (Peter Van), *né à Anvers vers* 1649, *mort vers* 1719. (Ecole flamande.)

Il alla en Italie, et fut membre de l'Académie de Saint-Luc. On le surnomma *Standaert (Etendart)*. Il peignait habituellement des batailles, des caravanes, des chevaux, des fêtes de Rome. Il a aussi gravé à l'eau forte. Il revint à Anvers, où il fut nommé directeur de l'Académie en 1699.

767 *Maréchal-ferrant.*

Chevaux et cavaliers près d'une porte de ville.

Signé : P. V. B. 1711.

H. 0,33. — L. 0,46. T. — C. C^t.

768 *Cavaliers arrêtés près d'une cantine.*

L'un sonne de la trompette, l'autre boit et badine avec la cantinière.

Signé : P. V. B. 1709.

Pendant du précédent.

BOEYERMANS (Théodore), *né à Anvers en* 1620, *mort en* 1680.

Cet éminent artiste a été oublié par tous les historiens, et c'est à M. Alfred Michiels, auteur de *Rubens et l'école d'Anvers*, que nous devons les quelques renseignements authentiques que nous donnons ici. Boeyermans fut cependant un peintre de premier ordre, et ses travaux égalèrent fréquemment ceux de Van Dyck, dont il paraît être l'élève, et parfois même ceux de Rubens. Il était fils de Jean Boeyermans originaire de Harlem, et semble ne s'être livré que tard à l'étude de la peinture, car il ne fut admis à la *maîtrise* qu'en 1653, à l'âge de 33 ans. En 1666, il offrit deux tableaux à l'Académie de Saint-Luc, qui en reconnaissance lui donna une belle coupe de vermeil qui coûta 50 *patacons*. Ses ouvrages sont nombreux en Belgique, mais fort rares en France.

769 *Les vœux de saint Louis de Gonzague.*
(Allégorie.)

Il abandonne les pompes mondaines, et fait profession dans l'ordre des Jésuites.

Louis de Gonzague appartenait à l'illustre famille des ducs de Mantoue. Dès l'âge de cinq ans, son père l'emmena sur les champs de bataille, pour le familiariser avec le bruit des armes. Un jour, il mit le feu à un canon qu'il avait chargé lui même, et qui, en reculant, lui passa sur le corps sans lui faire aucun mal. Ce danger et d'autres plus grands encore dont il regarda comme un miracle d'avoir été si heureusement tiré, le déterminèrent, à l'âge de 19 ans, à embrasser la vie monastique.

Signé : T. Boeyermans. 1671.

H. 3,23. — L. 5,68. T. — G^t. 1809.

BOTH (Jean), *dit Both d'Italie, né à Utrecht, en* 1610, *mort à Venise ou à Utrecht en* 1650. (Ecole hollandaise.)

Son père, peintre sur verre, lui donna les premiers éléments du dessin, et Abraham Bloemaert lui apprit à peindre. A Rome, il prit Claude le Lorrain pour guide, et fit des tableaux dignes de ce maître. La nature de ses paysages lui valut le surnom de *Both d'Italie*. Son frère André, qui ne le quitta jamais, avait suivi la manière de Peter Van Laar. Il ornait de figures les tableaux de Jean, et il s'identifiait tellement à sa manière, qu'ils paraissent être tout entiers de la même main. Cette touchante union dura jusqu'à la mort : André se noya dans un canal, à Venise, et Jean mourut de chagrin dans la même année. Les deux frères ont gravé à l'eau forte.

On lui attribue :

770 *Une tour de signaux, élevée sur des rochers à l'entrée d'un port de la Méditerranée.*

La mer calme et transparente est sillonnée par des barques de pêcheurs.

H. 0,66. — L. 1 m. T. — C. C^t.

771 *Paysage au soleil couchant.*

Les restes d'un vieux château s'élèvent sur le penchant d'un coteau qui fuit vers l'horizon. Des nymphes et des satires dansent au pied de ces ruines, et, plus bas, deux femmes passent un gué avec leurs bestiaux.

H. 0,66. — L. 1 m. T. — C. C^t.

772 *Paysage.* Crépuscule.

H. 0,48. — L. 0,62. T. — C. C^t.

BOUDEWYNS (Anton-Franz), et **BOUT** (Pierre), *nés tous deux à Bruxelles en 1660; le premier, mort en cette ville en 1700.* (Ecole flamande.)

Boudewyns était élève de Vander-Meulen, qui l'employait souvent à peindre les fonds de ses tableaux dont il a aussi gravé un grand nombre. Après la mort de son maître, Boudewyns retourna à Anvers, où il s'associa avec son ami Pierre Bout, qui peignit presque toujours les figures dans ses paysages.

773 *Un Moulin à eau.*

Paysage orné de fabriques, et animé par un grand nombre de petites figures pleines de mouvement.

H. 0,41. — L. 0,63. T. — C. C^t.

BRAKEMBURG (Reinier), *né à Harlem en 1649, mort en 1728. (Ecole flamande.)*

Il fut élève de Mommers et de Bernard Schendel. Il a fait des tableaux dans le goût d'Ostade; mais il a plus souvent peint les modes de son temps. Ses compositions sont ingénieuses, mais ses caractères sont parfois monotones, et son dessin n'est pas toujours correct. Cependant, sa touche est spirituelle, et, dans ses bons ouvrages, il approche bien près de Miéris.

774 *Fête flamande ou Kermesse dans un intérieur de cabaret.*

H. 0,80. — L. 1,32. — Acq. 1844.

BRAUWER (Adrien), *né à Harlem, en 1608, mort en 1640, élève de François Hals. (Ecole hollandaise.)*

On lui attribue :

775 *Un buveur.*

H. 0,25. — L. 0,19. B. — C. U. de S.-B.

BREDAEL (Pierre Van), *né à Anvers en 1630, mort en 1691. (Ecole flamande.)*

Il voyagea en Italie et en Espagne. De retour à Anvers, en 1689, il fut nommé directeur de l'Académie. Bredael peignit beaucoup de vues des environs de Rome, qu'il ornait de figures et d'animaux. Sa couleur est chaude et harmonieuse, et ses ouvrages sont recherchés.

776 *Un taureau, des moutons et des chèvres, dans un paysage italien.*

Signé : P. Bredael.

H. 0,57. — L. 0,81. T. — C. Cᵗ.

BREEMBERG (Bartholomé), *né à Utrecht en 1620, mort en 1660 ou 1663.* (Ecole hollandaise.)

On ne sait quel fut son maître. Dans un voyage qu'il fit en Italie, il s'attacha particulièrement à peindre des ruines, des monuments antiques et des paysages des environs de Rome, qu'il ornait de figures et d'animaux. Il eut deux manières bien distinctes. La première très-sombre, alors qu'il cherchait à imiter Carrache et Titien. La deuxième, au contraire, est claire et transparente.

777 *Vue de ruines à Rome : l'arc de Titus et autres.* Figures au 1er plan.

H. 0,295. — L. 0,27. B.

Donné par M. Bédert, ancien conservateur.

778 *Ruines italiennes dans un paysage.*

H. 0,16. — L. 0,62. T. — C. C^t.

BREUGHEL (Pierre), dit LE VIEUX, *né à Breughel, près de Bréda, vers 1530, mort à Bruxelles vers 1600.* (Ecole flamande.)

Cet artiste, dont le nom de famille est inconnu, était fils d'un paysan de Breughel. Il fut élève de Pierre Koeck Van-Alost, et de Jérôme Koeck de Bois-le-Duc. Il voyagea en France, fit un long séjour en Italie, et revint à Anvers, où il fut reçu franc-maître de l'Académie de Saint-Luc, en 1551. Il peignit de préférence des marches d'armées, des attaques de voitures, des kermesses, des paysages et des sujets grotesques, ce qui lui valut les surnoms de *drôle* et de *rustique*. On lui attribue quelques gravures sur cuivre et sur bois.

ÉCOLE FLAMANDE.

779 *Effet de neige.*

Grande scène d'hiver.

Un groupe de curieux regarde des patineurs qui s'exercent sur un canal glacé; auprès d'eux une bohémienne dit la bonne aventure à un voyageur; un colporteur, assis, les regarde avec attention; à gauche, un bûcheron coupe du bois et en charge un âne.

H. 0,81. — L. 1,22. B. — C. C^t.

780 *Paysage, avec fond de montagne.*

Au premier plan, à gauche, passe un chemin, où stationne une troupe de bohémiens.

H. 0,53. — L. 0,78. B. — C. C^t.

781 *Paysage.* Fond de plaines.

Au premier plan, on remarque trois chariots remplis de paysans.

Pendant du précédent.

De son école :

782 *Patineurs sur un canal.*

H. 0,22. — L. 0,30. B. — C. C^t.

BREUGHEL (Jean), dit de VELOURS, *né à Bruxelles en 1569, 1575 ou 1589, selon les biographes, mort en 1625 ou 1642.* (Ecole flamande.)

Il était fils de *Breughel le Vieux,* mais on prétend que ce fut *Goe-Kindt* qui lui apprit à peindre à l'huile. Il se rendit d'abord à Cologne, voyagea en Italie, puis revint à Anvers, où il fut reçu franc-maître, en 1597. Breughel peignit d'abord, d'une manière fort remarquable, des fleurs et des fruits, genre qu'il abandonna bientôt pour se livrer au paysage et à la marine. Il ornait ses tableaux de charmantes petites figures, touchées avec esprit et finesse. Son coloris, un peu crû, nuit quelquefois à l'harmonie générale de ses tableaux, mais ils séduisent par le goût et la variété. Ils ont mérité le suffrage de Rubens, qui employa l'auteur à peindre ses fonds de paysage. Il a fait aussi des tableaux en société avec Van-Balen, Rottenhamer, Franck, Van-Kessel, Steenwick, Momper, etc.

783 *Vue d'un canal sillonné par plusieurs embarcations chargées d'une quantité de personnes et de chevaux.*

H. 0,24. — L. 0,30. C. — G^t. 1804.

784 *Paysage, avec fonds de montagnes.*

Un chasseur à cheval, suivi de valets et de chiens, se dirige vers une auberge, devant laquelle plusieurs personnages sont attablés.

Pendant du précédent.

BREUGHEL (Abraham), dit LE NAPOLITAIN, *né à Anvers en 1672, mort en 1729.* (Ecole flamande.)

Abraham n'était pas de la même famille que les Breughel que nous venons de citer, bien qu'il en portât le nom. Il était fils et élève d'*Ambroise Breughel*, peintre de fleurs, qui fut directeur de l'Académie d'Anvers, en 1563 et 1670. Abraham peignit avec beaucoup de talent des fleurs, des fruits et des oiseaux. Il habita Rome et surtout Naples, où il acquit une grande réputation. L'Académie de Saint-Luc le reçut au nombre de ses membres, et lui donna le surnom de COMTE DU RHIN.

On lui attribue :

785 *Africain portant un vase de fleurs, qu'une jeune femme semble voir avec plaisir.*
Image du printemps.

H. 1,66. — L. 1,16. T. — C. C^t.

786 *Africaine coiffée d'un turban, portant une corbeille de fruits, aidée par un enfant.*
Image de l'automne.

Pendant du précédent.

Les figures de ces deux tableaux ne seraient pas de la main de Breughel.

CHAMPAIGNE (PHILIPPE DE), *né à Bruxelles en 1602, mort à Paris en 1674.* (Ecole flamande.)

L'école française pourrait revendiquer cet artiste, qui fut pour ainsi dire élevé dans son sein, car il vint fort jeune à Paris, fut un des fondateurs, et plus tard recteur, jusqu'à sa mort, de l'Académie royale de peinture. Ses premiers maîtres furent Bouillon, Michel Bourdeaux et Fouquières; puis il étudia quelque temps chez Lallemand. Duchesne l'employa aux peintures du Luxembourg, mais des tracasseries, suscitées par la jalousie de ce peintre, le firent retourner à Bruxelles. Il allait partir pour l'Italie, lorsque Marie de Médicis le rappela à Paris et le nomma son premier peintre, en remplacement de Duchesne, qui venait de mourir. Il fut alors chargé de grands travaux, qu'il exécuta avec succès. Ses élèves sont : Jean-Baptiste de Champaigne, son neveu, qui suivit sa manière, et Platte Montagne, d'Anvers, qui s'en approche quelquefois.

787 *Souper à Emaüs.*

H. 1,47. — L. 0,72. T. — C. C*t*.

On lui attribue :

788 *Les pèlerins d'Emaüs voyageant avec Jésus-Christ.*

Trois anges semblent les guider.

H. 2,92. — L. 1,948. T. — C. C*t*.

789 *Communion de saint Louis de Gonzague.*

Esquisse.

H. 0,30. — L. 0,50. T. — C. C*t*.

790 *Saint Louis de Gonzague baise les pieds de l'Enfant Jésus; il est soutenu par sa mère, et plusieurs anges lui rendent hommage.*

Pendant du précédent.

791 *Portrait en pied de Suger, abbé de Saint-Denis, dans le XIIe siècle.*

Ce portrait figurait dans la galerie du cardinal de Richelieu.

H. 2,27. — L. 1,46. T. — C. C*t*.

Le roi Louis-le-Gros, qui avait connu l'abbé

Suger à Saint-Denis, l'appela à son conseil. On croit qu'il eut beaucoup de part à l'établissement des communes. Il était opposé à la croisade que prêchait et qu'obtint saint Bernard. Régent du royaume en l'absence de Louis-le-Jeune, il gouverna avec sagesse et économie. Prévoyant les malheurs qu'amènerait le divorce de ce roi avec Eléonore, il s'y opposa constamment, et mourut trop tôt pour consolider le rapprochement des deux époux.

De son école :

792 *Portrait d'une dame vêtue de noir et tenant un éventail.*

H. 0,72. — L. 0,62. T. — C. C^t.

793 *La Pentecôte.*

Ce tableau pourrait être de Jean-Baptiste de Champaigne, neveu et élève de Philippe.

H. 1,65. — L. 1,11. T. — C. C^t.

COQUES (Gonzalès), *né à Anvers en 1618, mort en 1684.* (Ecole flamande.)

Il était élève de *David Ryckaers le Vieux*, et fut nommé deux fois directeur de l'Académie d'Anvers, en 1664 et 1679. Gonzalès s'attacha particulièrement à peindre en petit des sujets de fantaisie et des portraits. Il avait un pinceau large et facile, dessinait bien et possédait un coloris plein de fraîcheur. Comme Van-Dyck, il affectionnait dans ses portraits le satin et le velours noir. Les tableaux de cet artiste sont très-rares, et particulièrement en France; le Louvre n'en possède aucun. Smith ne catalogue que trente-trois Gonzalès, qui sont pour la plupart en Angleterre.

794 Un magistrat flamand et sa famille réunis dans un salon simple et élégant.

H. 0,76. — L. 1,22. T. — C. C*t*.

CRAYER, KRAYER ou CRAEYER (Gaspar de), né à Anvers en 1582, mort à Gand en 1669. (Ecole flamande.)

Il fut élève de *Raphaël Coxcie*, qu'il surpassa avant d'avoir quitté son école. Il n'eut ensuite d'autre guide que la nature. Dans son mode d'exécution, il s'approche beaucoup de Rubens et de Van-Dyck. Ces deux artistes professaient la plus grande estime pour son talent. Il habita d'abord Bruxelles, où il fut reçu franc-maître de la confrérie de Saint-Luc; il se fixa ensuite à Gand. Crayer a fait un nombre considérable de tableaux d'histoire et de portraits.

795 Education de la Vierge.

La jeune vierge debout, appuyée contre les genoux de sainte Anne assise, semble consulter sa mère sur les caractères d'un livre que soutient un ange agenouillé; un autre ange lui apporte des fruits, et, derrière elle, saint Joachim témoigne son admiration en élevant les yeux et les mains vers le ciel. D'autres anges voltigeant sur des nuages, complètent cette scène intéressante.

H. 2,66. — L. 1,81. T. — G*t*. 1809.

DAVID, *peintre flamand.*

796 *Oiseaux morts :* canards, pigeons, sarcelles, etc.

H. 0,52. — L. 0,81. T. — C. C[t].

DECKER (Conrad ou Conraet), *né en* 1637, *mort en* 1680. (Ecole hollandaise.)

On le croit élève d'*Everdengen*, mais il imita surtout Ruysdaël. Il s'est attaché à reproduire la nature avec ses effets les plus piquants. Sa touche a de la finesse, et son coloris une grande vigueur. Les figures de ses tableaux sont ordinairement de la main d'un autre artiste, et quelquefois de A. Van-Ostade et de Van-den-Velde.

797 *Chaumière ombragée par de grands arbres, sur le bord d'un canal.*

Les figures sont d'A. Van-Ostade.

Signé : Decker.

H. 0,30. — L. 0,41. B. — C. C[t].

DIÉTRICH (Jean-Wilhelm-Ernest, *appelé aussi* Dietricy ou Dietrici), *né à Weimar en* 1712, *mort à Dresde en* 1774. (Ecole allemande.)

Il fut élève de son père, *Jean-Georges*, et d'*Alexandre Thiele;* après quoi, il voyagea en Italie et en Hollande. Cet excellent artiste fut, en peinture, un véritable Protée. Il a imité Rembrandt, Van-der-Werf, Ostad, Joseph Vernet, Wateau, etc. Dans ses paysages, il a souvent réuni la fraîcheur de Locatelli à la fermeté de Salvator Rosa. Son talent flexible sut prendre tous les genres et toutes les formes, sans jamais laisser apercevoir aucune trace de servilité dans ses ouvrages, exécutés avec franchise et originalité. Il fut non moins habile quand il voulut être lui-même, et il a laissé un grand nombre d'ouvrages fort estimés.

798 *Paysage dans la manière de Salvator Rosa.*

Signé : DIETRICY.

H. 0,28 1/2. — L. 0,23. B. — C. Cl. de F.

On lui attribue :

799 *Solitaire à genoux, en prières.*

H. 0,32 1/2. — L. 0,24. B. — C. Cl. de F.

800 *Un moine assis, tenant un livre ouvert sur ses genoux.*

H. 0,32 1/2. — L. 0,24. B. — C. Cl. de F.

DYCK (ANTON VAN), *né à Anvers en* 1599, *mort à Blachfriars, près de Londres, en* 1641. (École flamande.)

Il reçut les premières leçons de Van-Balen, puis il entra dans l'école de Rubens qu'il put bientôt aider dans ses travaux. En 1621, il partit pour l'Italie, s'arrêta à Gênes, à Rome, à Florence, à Bologne, et enfin à Venise, où il étudia longtemps les peintures des grands coloristes. Après un séjour de 3 ans 1/2 en Italie, il vint à Paris, où il resta peu de temps, et retourna à Anvers en 1625. Après plusieurs voyages en différents pays, où le faisait appeler son immense réputation, il alla se fixer en Angleterre, et il y mourut à 42 ans. Van-Dyck a rendu son nom célèbre plus encore par ses portraits que par ses tableaux d'histoire. Il a gravé à l'eau forte une suite de portraits extrêmement recherchés.

On lui attribue :

801 *Portrait d'un homme portant une barbe rousse.*

H. 0,89. — L. 0,79. T. — C. C^t.

De son école :

802 *Portrait de femme coiffée en cheveux avec des œillets rouges.*

Elle porte une large fraise, et une chaîne d'or dans laquelle elle passe l'index de la main droite.

Ce portrait passait pour être celui d'Elisabeth, reine d'Angleterre.

H. 0,68. — L. 0,52. T. — C. C^t.

803 *Saint Sébastien, percé de flèches.*

Des soldats le regardent avec intérêt.

H. 1,11. — L. 0,76. T. — C. C^t.

ELZHEIMER ou ELSHEINER (Adam), *né à Francfort-sur-le-Mein en 1574, mort à Rome en 1620.* (Ecole allemande.)

Il fut élève de *Philipp Offembach*, qu'il surpassa promptement. Il voyagea alors en Allemagne et en Italie, où il fit de rapides progrès. Il peignait avec soin, et consacrait beaucoup de temps à ses ouvrages, qui ne lui furent jamais assez payés pour le tirer de la misère. Elzheimer s'est principalement distingué dans le paysage, où il aimait à représenter des effets de nuit et des clairs de lune. On compte parmi ses élèves, outre ses fils, David Téniers-le-

Vieux, Pierre de Laar et Thomas Hagelsteen qui l'imita au point de tromper les connaisseurs.

On lui attribue :

804 *La Fuite en Egypte.*

Effet de clair de lune.

H. 0,51. — L. 0,62. T. — C. C^t.

FOUCHIER (BERTRAND), *né à Berg-op-Zoom en 1609, mort en 1674.* (Ecole hollandaise.)

Il fut élève de *Van-Dyck*. Il voyagea en Italie et en France, et retourna dans sa patrie, où il imita la manière de Brouwer.

805 *Portrait d'une dame vêtue de noir, et coiffée de ses cheveux.*

H. 0,74. — L. 0,64. T. — C. C^t.

FOUQUIÈRE (JACQUES), *né à Anvers vers 1600, mort à Paris en 1659.* (Ecole flamande.)

Il fut un élève distingué de *Breughel de Velours*, et Rubens l'employa à peindre les fonds de ses tableaux. Il peignait agréablement, dessinait bien et touchait spirituellement ; mais son coloris est froid et souvent trop vert. Après avoir exercé la peinture dans son pays, en Allemagne, à Rome et à Venise, il vint à Paris, où le surintendant des bâtiments lui confia la décoration des maisons royales. Louis XIII, très-satisfait de ses travaux, lui accorda des titres de noblesse. Cette distinction le rendit tellement fier, qu'il ne peignait plus que l'épée au côté. Il cessa même peu à peu de travailler, et tomba dans une si grande misère, que le peintre Montagne, son ami, fut obligé de pourvoir aux frais de sa sépulture. Il eut pour élèves Rendu, Bellin et Champagne.

806 *Grand paysage.*

Une rivière coule au milieu d'un pays accidenté. Sur un chemin qui occupe une partie du premier plan, on voit deux hommes conduisant des chiens de chasse.

Signé : J. Focquier *(sic)*, f. A° 1620.

H. 1,21. — L. 2 m. T. — G^t. 1804.

FRANCE, *de Liége.*

807 *Paysage.*

Voltaire causant avec des paysans, dans les environs de Ferney.

H. 0,31. — L. 0,36. T. — C. C^t.

FRANCK (Franz), dit LE VIEUX, *né à Herentals ou à Anvers, vers 1544, mort à Anvers en 1616.* (Ecole flamande.)

Il fut élève de *Frans Floris*, et reçu membre de la confrérie de Saint-Luc en 1566. En 1588 et 1589, il en fut doyen. On le croit père de Franz-le-Jeune et de Sebastiaan.

808 *Jésus en croix entre deux larrons.*

H. 1,38. — L. 1 m. T. — C. C^t.

De l'école des Franck :

809 *Erection de la croix.*

H. 0,54. — L. 0,41. B. — C. C^t.

FYT (Jean), *né à Anvers en* 1625, *mort en* 1671. (Ecole flamande.)

Il excellait à peindre les animaux, les fleurs, les fruits et la nature morte. Il travailla souvent dans les tableaux de Rubens et de Jordaens.

810 *Chiens de chasse faisant partir un lièvre.*

H. 0,41. — L. 0,50. T. — C. C^t.

811 *Chasse au sanglier.*

H. 0,16. — L. 1,24. T. — C. C^t.

812 *Même sujet.*

Pendant du précédent.

Ces trois tableaux ont été gravés.

GELDER (Arnoult de), *né à Dort en* 1645, *mort en* 1727. (Ecole hollandaise.)

Il fut élève de *Samuel Van-Hoogstraeten*, puis de *Rembrandt*, sous la direction duquel il resta deux ans. Il se fixa ensuite à Dort où il continua de peindre dans la manière de son dernier maître. Ses tableaux d'histoire sont généralement bien composés, ses figures spirituelles, mais sans aucune exactitude dans les costumes qu'il arrangeait selon les caprices de son imagination. Sa couleur souvent posée avec le pouce ou le couteau à palette, et qu'il étendait ensuite avec la hampe d'un pinceau, fait à quelque distance un effet surprenant. Peu de tableaux, assurent ses biographes, pouvaient soutenir le voisinage des siens.

Par, ou d'après lui :

813 *Vertumne et Pomone.*

Une vieille femme, la tête et les épaules recouvertes d'un mantelet rouge et s'appuyant sur un bâton, parle à une jeune fille richement costumée qui tient une pomme dans la main droite.

Ce tableau a été gravé par Lépicié, sous le nom de Rembrandt à qui l'on a souvent attribué les ouvrages de Gelder.

H. 0,90. — L. 1,17.— Fig. à mi-corps. T.— Acq. 1859.

GLAUBER (Jean), dit POLIDOR, *né à Utrecht en 1646, mort à Amsterdam en 1726.* (Ecole hollandaise.)

Après une vive opposition de la part de sa famille, Glauber put enfin se livrer à l'étude de la peinture. Il faisait de rapides progrès sous la direction de Berghem, lorsque l'aspect de tableaux italiens le décida tout à coup à changer de manière. Il en copia un grand nombre, et partit pour la France et l'Italie. Il passa un an à Paris, deux à Lyon auprès de Van-der-Kabel, et cinq à Rome, Padoue et Venise. Il alla ensuite à Hambourg et à Copenhague, et enfin il se fixa à Amsterdam et se lia intimement avec Gérard de Lairesse qui, depuis cette époque, peignit toutes les figures de ses tableaux. Diana, sa sœur, fut son élève, et jouissait, à Hambourg, d'une grande réputation.

814 *Alexandre visitant le tombeau de Darius.*

Les figures sont de Lairesse.

H. 0,81. — L. 1,13. T. — C. C^t.

815 *Paysage avec fabriques.*

Au premier plan, plusieurs groupes de femmes écoutent un joueur de mandoline.

H. 0,40. — L. 0,50. T. — C. C^t.

GRIF ou GRYEF (Antoine), *né à Anvers dans le commencement du XVIIe siècle*. (Ecole flamande.)

On ne sait rien sur la vie de cet artiste, qui se rapproche beaucoup de la manière de Sneyders dont il fut sans doute l'élève.

816 *Cavaliers débouchant d'un chemin creux.*

H. 0,54. — L. 0,46. T. — C. C^t.

HAGEN (Jean Van), *né à la Haye en 1635, mort en 1679*. (Ecole hollandaise.)

Cet artiste était un des dessinateurs et des peintres les plus estimés de son époque. Les figures et les animaux dont il ornait ses paysages furent comparés à ceux de Paul Potter. Malheureusement, il faisait usage de mauvaises couleurs, qui, en poussant au noir, ont altéré l'effet de ses tableaux.

817 *Paysage coupé par une route, derrière laquelle est un bois.*

H. 0,27. — L. 0,47. B. — C. Cl. de F.

HELMBRECKER (Théodore), *né à Harlem en 1624, mort à Rome en 1694*. (Ecole hollandaise.)

Il fut élève de *Pierre Grebber*, mais il se forma surtout en Italie, où il passa une grande partie de sa vie. Après avoir plusieurs fois changé de manière, il s'attacha plus particulièrement à celle de Bamboche, dans laquelle il s'est surtout distingué. Ses tableaux, très-recherchés, sont répandus dans presque toutes les collections.

818 *Des buveurs, à la porte d'une chaumière,*

semblent adresser des propos galants à une marchande d'œufs; un paysan, tenant une mandoline, cherche à la retenir par ses accords.

H. 0,50. — L. 0,66. T. — C. C*t*.

819 *Paysan et paysanne de Rome dansant la Saltarella.*

Pendant du précédent.

820 *Même sujet, avec quelques changements.*

H. 0,43. — L. 0,33. T. — C. C*t*.

Ces trois tableaux sont signés : T. HELMBRECKER.

HELST (BARTHOLOMÉ-VANDER), *né à Harlem en 1613, mort à Amsterdam en 1670.* (Ecole hollandaise.)

Vander HELST, dont l'histoire est inconnue, fut célèbre comme peintre de portraits. Il habita toujours Amsterdam. Son fils, peintre médiocre, imita sa manière.

821 *Portrait en buste d'un magistrat hollandais.*

H. 0,19. — L. 0,155. B. — C. Cl. de F.

HERMANN. (Ecole allemande.)

Ce peintre nous est inconnu.

822 *Tableau de nature morte.*

Gibier, gigot, dinde piquée, choux-fleurs, etc.

Signé : HERMANN.

H. 1,43. — L. 1,54. T. — C. F.

HOLBEIN (Hans), dit LE VIEUX, *né à Augsbourg en 1450, vivait encore en 1505.* (Ecole allemande.)

Il était père du célèbre Holbein, dit le Jeune, et d'Ambros Holbein, peintre de portraits. Son frère, Sigismond Holbein, était aussi peintre de portraits et graveur sur bois.

On lui attribue :

823 *Portrait de l'empereur Maximilien.*

H. 0,54. — L. 0,40. T. — C. C^t.

HOOCH, HOOGHE ou HOOGE (Pierre de), *florissait vers le milieu du XVIIe siècle.* (Ecole hollandaise.)

Les dates de sa naissance (1643) et de sa mort (1708), données par quelques biographes, sont incertaines, de même que le nom de son maître, qu'on dit être Berghem. Il peignait des scènes familières avec une entente remarquable du clair-obscur et une grande facilité de pinceau. Sa couleur est vigoureuse et transparente.

824 *La leçon de chant.*

Signé : P. H.

H. 0,46. — L. 0,46. B. — C. C^t.

HUYSMANS (Cornélis), surnommé HUYSMANS DE MALINES, *né à Anvers en 1648, mort à Malines en 1727.* (Ecole flamande.)

Il fut élève de *G. de Wit* et de *J. Van-Artois*. Il vivait depuis longtemps ignoré, lorsque Vander-Meulen, ayant eu occasion de voir ses ouvrages, l'engagea vivement à venir en France. Huysmans refusa et passa toute sa vie à Malines, où il travailla sans relâche. Les ouvrages de cet habile paysagiste sont tout à fait dans le goût italien; ils sont peints largement, la couleur en est vigoureuse, les figures et les animaux sont bien dessinés et touchés avec esprit.

825 *Paysage.*

La droite est occupée par une belle masse de rochers.

Au premier plan, des hommes et des femmes conduisent des vaches et des chevaux à l'abreuvoir.

H. 0,46. — L. 0,62. T. — Acq. 1849.

826 *Paysage.*

On remarque des laveuses au premier plan.

H. 0,30. — L. 0,35. T. — Acq. 1851.

827 *Paysage, avec figures.*

H. 0,30. — L. 0,35. T. — Acq. 1851.

JORDAENS ou **JORDAANS** (Jakob), *né à Anvers en 1593, mort en 1678.* (Ecole flamande.)

Il fut élève et gendre d'*Adam-Van-Noort*. Il reçut aussi des conseils de Rubens, dont il fut constamment l'ami.

On lui attribue :

828 *Tête de vieillard à barbe blanche, couronnée de pampre.*

H. 0,46. — L. 0,35. T. — C. C^t.

LAIRESSE (Gérard de), *né à Liége en 1640, mort à Amsterdam en 1711.* (Ecole hollandaise.)

Il fut élève de son père, *Rénier de Lairesse*, et de

Bartholet Flemael. Il alla fort jeune en Hollande, où il exécuta un grand nombre de tableaux et de dessins, et où on lui décerna le titre, plus honorable que mérité, de *Poussin hollandais.* Doué d'une extrême facilité, il traita tous les genres, et affectionna particulièrement les sujets mythologiques. Il a aussi gravé à l'eau forte une œuvre considérable. Frappé de cécité, en 1690, il établit chez lui des conférences, où l'on dissertait sur toutes les parties de la peinture. Son fils a recueilli ces leçons et les a publiées après sa mort.

829 *Paysage historique.*

Pan, châtié par l'Amour, en présence de Vénus, qui encourage son fils.

H. 0,59. — L. 0,78. T. — C. C^t.

LUYN (Van). (Ecole flamande.)

830 *Soldats assis près d'une arcade.*

H. 0,50. — L. 0,40. T. — C. C^t.

MARYN (Krytz-Schmitz) *vivait vers le milieu du XVIe siècle.* (Ecole allemande.)

Il fut probablement élève de Quinten Matsys.

831 *Un banquier et sa femme.*

A gauche, un homme, coiffé d'une toque rouge et vêtu d'une robe brune garnie de fourrure au col et aux manches, est assis devant une table et pose une pièce d'or sur une petite balance. A droite, à côte de lui, sa femme, en robe rouge, tient les feuillets d'un livre de compte ouvert devant elle, et regarde faire son mari. Sur la table, un amas de pièces d'or et d'argent, une grande bourse en cuir, une boîte à trébuchet et un encrier. Au fond, près d'une porte entr'ouverte, une tablette contre la boiserie, à laquelle sont suspendues des liasses de papier, et, dessus, sont posés une boîte contenant des parchemins avec leurs cachets, un chandelier et des livres, sur l'un desquels on lit la signature du peintre.

Ce tableau, qu'au premier aspect on est tenté d'attribuer à *Quinten Matsys,* est signé : *Krytz Schmitz Maryn in. et fecit.* A 1538.

H. 0,76. — L. 1,13. T. — C. C^t.

MATSYS (QUINTIN ou QENTIN), *né à Anvers vers 1460, mort en 1530 ou 1531.* (Ecole flamande.)

Il fut d'abord forgeron, et, à la suite d'une aventure romanesque ou d'une maladie, il abandonna le marteau pour la peinture. Il fut reçu franc-maître en 1491, et jouit de l'estime de ses contemporains.

D'après lui :

832 *Saint Jérôme méditant sur les vanités du monde, avant de quitter la pourpre romaine.*

H. 0,86. — L. 1,07. T. — C. C^t.

MEULEN (ANTON-FRANZ VAN DER), *né à Bruxelles en 1634, mort à Paris en 1690.* (Ecole flamande.)

Pierre Snayers fut son maître. Colbert, d'après les conseils de Lebrun, le fit venir en France, l'attacha au service du roi, le logea aux Gobelins, et lui alloua une pension de 6,000 livres, indépendamment du prix de ses ouvrages. Il suivait le roi dans toutes ses campagnes, et dessinait sur les lieux mêmes tous les incidents de la guerre, en sorte que ses tableaux sont l'histoire militaire exacte de Louis XIV. Les nombreux portraits de personnages célèbres que Van der Meulen a introduits dans ses compositions, l'exactitude des costumes, sa grande manière de traiter le paysage, la vigueur et la légèreté de son exécution, donnent une haute valeur à ses œuvres. Le roi le combla de faveurs, et il mourut premier conseiller de l'Académie de peinture. Les deux Martin, Le Comte, Duru, Boudewyns et Bonnart furent ses élèves.

833 *Investissement de Luxembourg.*

Vue de la ville du côté des bains de Mansfeld, prise le 3 juin 1684.

Au premier plan, des chevaux tenus en main par des palfreniers. Un mendiant à genoux demande l'aumône à un personnage qui vient de mettre pied à terre. A gauche, un aveugle conduit par un enfant est interrogé par des officiers.

Répétition ou première pensée, sur une moindre échelle, du tableau du Louvre, mais celle-ci tout entière de la main du maître.

H. 1,19. — L. 1,52. T. — C. F.

834 *Chasse au taureau dans la forêt de Fontainebleau, par Louis XIV et sa cour.*

H. 0,58. — L. 0,73. T. — C. C*t*.

835 *Paysage.*

Un valet conduisant un cheval en laisse, sort d'un chemin creux, suivi de plusieurs autres cavaliers.

H. 0,47. — L. 0,56. T. — C. C*t*.

836 *Chasse dans la forêt de Fontainebleau.*

H. 0,59. — L. 0,90. T. — C. U. de S.-B.

MICHAU (Théobald), *né à Tournay en 1676, vivait encore en 1755.* (Ecole flamande.)

On ignore quel fut son maître, mais l'examen de ses ouvrages porte à croire qu'il s'est formé sur ceux de Breughel de Velours et de Taunay. Il se plaisait à représenter des foires, des marchés, des ports de mer, des paysages, animés d'une quantité de petites figures qu'il dessinait bien et touchait avec esprit et légèreté.

837 *Paysage.*

Une femme, montée sur un cheval blanc, est suivie d'un homme et d'une autre femme.

H. 0,24. — L. 0,16. C. — C. C^t.

838 *Paysage.*

Un homme suivi d'un chien, et autres personnages.

Pendant du précédent.

839 *Petite marine.*

Marchands de poissons au bord de la mer.

840 *Autre marine.*

Marchands de poissons attendant l'arrivée des pêcheurs.

841 *Paysage.*

Bergers gardant des troupeaux.

842 *Autre paysage.*

Joueurs de cartes à la porte d'un cabaret.

Ces quatre tableaux sont de même dimension.

H. 0,14. — L. 0,16. C. — C. C^t.

MIERIS (Willem-Van), *né à Leyde en 1662, mort en 1747.* (Ecole hollandaise.)

Il était fils et élève de *Frans-Van Miéris le Vieux*, et fut en même temps peintre et sculpteur. Il peignit, avec le même soin que son père, d'abord des scènes de la vie privée, puis des sujets tirés de la fable ou de l'histoire, dont il faisait de gracieuses compositions. Il eut un fils, *Frans*, surnommé *le Jeune*, qui imita la manière de son grand-père, sans toutefois l'égaler, et qui fut un écrivain distingué.

843 *Pigmalion et sa statue.*

Effet de lumière.

H. 0,215. — L. 0,25. B. — C. C^t.

MILLÉ ou MILET (Francisque), *né à Anvers en 1644, mort à Paris en 1680.* (Ecole flamande.)

L'école française pourrait encore revendiquer cet artiste. En effet, né à Anvers, de parents français, il fut confié à Laurent Frank, qui l'amena à Paris. Là, les ouvrages du Poussin devinrent ses guides; il les copia, les imita, et s'appropria, en quelque sorte, la manière de l'illustre maître. Ses sites sont pittoresques, ses arbres majestueux, et ses figures ont de la dignité. Il fut professeur de l'Académie de peinture, et mourut à 37 ans, des suites d'un empoisonnement, que l'on attribua à d'envieuses rivalités.

844 *Paysage héroïque.*

Sacrifice à Flore.

H. 0,41. — L. 0,33. T. — C. Ct.

MOMPER (Josse), *né à Anvers en 1580, mort en* 1638. (Ecole flamande.)

Les ouvrages de ce peintre produisent un grand effet par la dégradation des tons et par la légèreté de la touche; mais il faut les voir à distance, car ils sont généralement trop peu faits. Breughel et Teniers ont souvent peint les figures des tableaux de MOMPER.

845 *Paysage-marine, avec vaste étendue de mer.*

Deux hommes tirent des filets, tandis que plusieurs autres entourent un feu, où l'on prépare les produits de la pêche.

H. 0,73. — L. 1,33. T. — Gt. 1804.

846 *Paysage-marine.*

Ruines au bord de la mer. Deux hommes de guerre causent avec un homme assis sur la plage. A droite, une femme se dirige vers des rochers.

Pendant du précédent.

MULLER (Hermann.) (Ecole allemande.)

847 *Le festin de Balthazar.*

Tableau gravé par son auteur.

Donné par M. Bédert, ancien conservateur.

H. 0,52. — L. 1,07. B.

OORT (Lambrecht Van), *né à Amerfort en* 1520, *mort en*....

Il était bon peintre et bon architecte. En 1547, il fut admis dans le corps des peintres d'Anvers.

848 *Intérieur.*

Une cuisinière, épluchant des légumes, interrompt son travail en entendant un gai propos que paraît lui adresser un fumeur.

H. 0,33. — L. 0,27. T. — C. C^t.

OSTADE (Isack Van), *né à Lubeck vers* 1613 *ou* 1617, *mort vers* 1654. (Ecole hollandaise.)

Il était frère et élève d'*Adrien Van Ostade*. Il peignait des paysages avec des figures, des vues de village, des effets d'hiver et des scènes familières. Il eut pour élève C. de Hyeer ou Heer.

On lui attribue :

849 *Voyageurs à cheval et autres personnages devant un cabaret de village.*

H. 0,33. — L. 0,44. T. — C. C^t.

OTTO VENIUS : voir VEEN.

OVENS (Jurien), *né à Amsterdam en 1620. mort en 1668.* (Ecole hollandaise.)

Il était élève de *Rembrandt*. Ses ouvrages sont empreints de force et de vérité. Il fut aussi très-bon peintre de portraits.

850 *Départ de Tobie pour retourner chez son père.*

Le fils de Tobie, après avoir recouvré les 10 talents que Gabelus devait à son père et épousé Sara, fille de Raguel, se dispose, sous la conduite de l'ange, à retourner dans sa famille.

Signé : J. Ovens, 1651.

H. 1,81. — L. 2,16. T. — C. Ct.

PÉTERS (Bonaventure), *né à Anvers en 1614, mort en 1652.* (Ecole flamande.)

Il peignit des marines avec un grand succès. Il représentait presque toujours des ouragans terribles, des orages menaçants, des vaisseaux prêts à être engloutis. Ces sujets effrayants sont animés par une quantité de petites figures remplies d'expression, et touchées avec esprit et finesse.

851 *Marine.* Tempête.

Des barques assaillies par la tempête, s'efforcent de gagner un port. Des hommes placés sur une digue, s'apprêtent à leur donner des secours.

H. 0,57. — L. 0,81. T. — C. F.

PÉTERS (Jean), *né à Anvers en 1625, mort en 1677.* (Ecole flamande.)

Il a peint dans la manière de son frère et l'a approché de près. Il renchérissait encore sur lui, quand il peignait des tempêtes ou des combats sur mer.

On lui attribue :

852 *Vue d'une rade où arrivent plusieurs vaisseaux de guerre français et hollandais.*

H. 0,81. — L. 1,19. T. — C. F.

PITLOO, *peintre vivant.* (Ecole hollandaise.)

853 *Vue du lac de Cumes (royaume de Naples), esquisse.*

H. 0,14. — L. 0,20. Papier. — C. Cl. de F.

854 *Vue du château de Capri (royaume de Naples), esquisse.*

H. 0,125. — L. 0,18. T. — C. Cl. de F.

POEL (Egbert-Vander), *vivait en 1690.* (Ecole hollandaise.)

Ce peintre fut inconnu des anciens biographes, et cependant il a beaucoup produit. Il s'adonnait particulièrement à peindre des incendies nocturnes, dans lesquels il introduisait des effets de lune qui aidaient à distinguer tous les objets. Personne n'a mieux réussi dans ce genre. Il enrichissait ses ouvrages d'une multitude de figures très-bien groupées et pleines d'animation. Vander Poel a fait aussi quelques tableaux éclairés par la lumière du jour, mais ils sont rares aujourd'hui.

855 *Incendie nocturne.*

Les flammes qui dévorent une habitation, laissent apercevoir une multitude d'hommes et de femmes cherchant leur salut dans la fuite.

Provient du cabinet de Casimir Perrier.

Signé : E. Vander POEL.

H. 0,28. — L. 0,36. B. — C. Cl. de F.

PORBUS ou POURBUS LE JEUNE (FRANZ), *né à Anvers en 1570, mort à Paris en 1622.* (Ecole flamande.)

Il fut élève de son père *Franz Porbus le Vieux*, et la compagnie de Saint-Luc d'Anvers l'admit comme franc-maître en 1591. Après avoir voyagé longtemps, il se fixa à Paris, où il a peint un grand nombre de portraits et de tableaux d'histoire.

856 *Portrait de Maurice, prince d'Orange, comte de Nassau, etc.*

H. 1,16. — L. 0,81. T. — C. C^t.

PYNACKER (ADAM), *né à Pinacker, près Delft, en 1621, mort à Delft en 1673.* (Ecole hollandaise.)

Ce peintre n'est désigné que par le nom de son pays; on ignore celui de son père, et on ne connaît pas d'avantage son maître. Il partit jeune pour l'Italie, où il étudia les grands maîtres, les antiquités et la nature. De retour dans son pays, il exécuta beaucoup de grands tableaux destinés à décorer des appartements. La plupart sont détruits maintenant, et on ne connaît plus de lui que des paysages de moyennes dimensions, dans lesquels on remarque une imitation vraie de la nature, un coloris chaud et harmonieux, et des ciels lumineux, diversifiés par des nuages que les vents semblent faire mouvoir.

857 *Paysage dans lequel on remarque une bergère qui garde des vaches, et, derrière elle, un homme couché sur l'herbe.*

Signé : A. P.

H. 0,57. — L. 0,95. T. — C. C^t.

QUAST, *peintre hollandais,* qui nous est inconnu.

858 *Le borgne,* caricature.

H. 0,19. — L. 0,12. B. — C. C^t.

REMBRANDT VAN RYN, *né près de Leyde en 1608, mort à Amsterdam en 1669.* (Ecole hollandaise.)

Il était fils d'un meunier des bords du Rhin. Après avoir passé successivement sous la direction de plusieurs maîtres peu connus, il se retira dans le moulin de son père, où il se livra exclusivement à l'étude de la nature et surtout des effets d'ombre et de lumière. Il créa un genre qui ouvrit une ère nouvelle à la peinture. Vers 1630, il s'établit à Amsterdam, où il eut de nombreux élèves et où il produisit une quantité considérable de tableaux. Ses gravures merveilleuses, non moins estimées que ces derniers, s'élèvent à plus de 360. Des biographes, qui se sont copiés sans contrôle, ont accusé Rembrandt d'avarice et de cupidité ; mais des documents authentiques, ainsi que le constate M. Villot, font justice de cette odieuse accusation. Il gagna, il est vrai, des sommes considérables, mais il mourut dans la misère : sa passion pour les gravures, les tableaux et les objets d'art, causa sa ruine, et la charité publique se chargea de son inhumation. Il eut un fils nommé *Titus*, qui n'a rien fait de remarquable. Parmi ses autres élèves, nous citerons Gerard Dow, Govaert, Flinck, Ferdinand Bol, Vanden Eeckhout, etc.

859 *Portrait à mi-corps,* que l'on croit être celui de la femme de l'auteur.

H. 1,04. — L. 0,81. T. — C. U. de S.-B.

D'après lui :

860 *Portrait d'un bourgmestre.*

Copie librement faite par Grimoux, sur l'original qui faisait autrefois partie de la galerie du duc d'Orléans.

H. 0,46. — L. 0,38. T. — C. C^t.

De son école :

861 *Jésus reconnu par deux de ses disciples.* (Pèlerins d'Emaüs.) Esquisse.

H. 0,66. — L. 0,73. T. — C. C^t.

862 *Sainte Madeleine mourante, soutenue par deux anges. Un autre lui montre son nom inscrit dans le livre des élus.*

H. 0,81. — L. 0,62. T. — C. C^t.

11

ROKES (Henri), surnommé ZORG, *né à Rotterdam en 1621, mort en 1682.* (Ecole hollandaise.)

Il fut élève de *David Teniers* et de *Guillaume Buytenweg*. Il peignit alternativement dans la manière de ses deux maîtres, et quelquefois il imita Brower. On a de lui des fêtes de village, des foires, des cabarets, des intérieurs de cuisine, des natures mortes. Il possédait une belle couleur, et rendait fidèlement la nature.

863 *Un vieillard, caressant sa servante, est surpris par sa femme.*

H. 0,45. — L. 0,38. T. — C. C^t.

ROOS (Philippe-Peter), dit ROSA DE TIVOLI, *né à Francfort-sur-le-Mein en 1635, mort à Rome en 1705.* (Ecole allemande.)

Il fut élève de son père *Johann Heinrich Roos*. Il alla en Italie en 1677, et, à Rome, il épousa la fille de Giacinto Brandi. Il s'établit ensuite à Tivoli, d'où lui vint son surnom, vécut dans la débauche, et mourut dans la misère. Il peignait des paysages et des animaux avec une extrême facilité. Sa touche est large et ferme, et son coloris vigoureux.

864 *Boucs, chèvres et moutons gardés par un berger.*

H. 0,75. — L. 1 m. T. — C. C^t.

865 *Taureau noir et autres animaux dans un paysage.* Esquisse.

H. 0,46. — L. 0,62. T. — C. C^t.

866 *Troupeau de bestiaux dans un paysage.* Esquisse.

H. 0,41. — L. 0,60. T. — C. C¹.

RUBENS (Peter-Paul), *né à Cologne en 1577, mort à Anvers en* 1640. (Ecole flamande.)

Il fut d'abord placé comme page au service de Marguerite de Ligne, mais bientôt il obtint de sa mère d'entrer à l'atelier d'Adam Van-Oort. Il le quitta peu de temps après pour celui d'Otto Venius, où il fit de rapides progrès. En 1598, il fut reçu franc-maître de l'Académie de Saint-Luc, et, en 1600, il partit pour l'Italie et se rendit à Venise, où il étudia le Titien et Paul Véronèse. Vincent Ier, duc de Mantoue, appréciant l'immense mérite de Rubens, le nomma gentilhomme et peintre de sa cour. En 1608, ce prince le chargea d'une mission diplomatique près du roi d'Espagne, qui le reçut avec distinction comme artiste et comme ambassadeur. A son retour, il parcourut toute l'Italie, étudiant partout les maîtres et produisant un nombre considérable d'ouvrages en tout genre. En 1608, la maladie de sa mère le ramena à Anvers, où l'archiduc Albert l'attacha à son service, le nomma chambellan, et lui assura une très-forte pension, qui lui permit de s'établir magnifiquement dans cette ville. En 1621, Marie de Médicis l'appela à Paris, pour décorer la grande galerie du palais du Luxembourg. Il peignit les esquisses en France, et, de retour à Anvers, il exécuta les tableaux avec l'aide de ses plus habiles élèves. Nous ne nous étendrons pas ici sur les autres particularités de sa vie, qui ont plus de rapport à la politique qu'à la peinture. Ce qui caractérise surtout le génie de Rubens, c'est le mouvement, la force et la passion. Son dessin est toujours savant et accentué; sa couleur éblouissante et la richesse de son invention inépuisable. Parmi ses nombreux élèves, on remarque Justus Van-Egmont, Van-Thulden,

Diepembeck, Jacob Jordaens, Schut, Simon de Vos, David Teniers, etc.

867 *Triomphe d'un guerrier.*

H. 3,10. — L. 2,28. T. — G^t. 1804.

868 *Tête d'Hercule.*

H. 0,40. — L. 0,27. T. — C. C^t.

D'après lui :

869 *Portrait de femme.*

H. 0,62. — L. 0,42. T. — C. C^t.

870 *Philopœmen.*

Copie d'un tableau qu'on voyait chez le duc d'Orléans; les animaux étaient peints par Sneyders.

La figure de Philopœmen, chef de la ligue des Achéens, était commune sans être ignoble, et l'extrême simplicité de son extérieur ne la relevait pas. Cette simplicité causa la méprise d'une hôtesse de Megare, qui, attendant le chef des Achéens, et le voyant arriver seul, couvert d'un manteau grossier, le pria familièrement de l'aider à préparer le souper de son général. Philopœmen accepta l'invitation, et se mit à fendre du bois. Le mari, dont il était connu, vint à rentrer et lui exprima sa surprise de le trouver ainsi *embesogné; ce n'est rien, répondit Philopœmen, je porte la peine de ma mauvaise mine.*

H. 2,81. — L. 2,81. T. — C. C^t.

871 *Diane et ses nymphes revenant de la chasse.*

Copie d'un tableau qu'on voyait aussi chez le duc d'Orléans.

H. 2,65. — L. 2,56. T. — C. C^t.

872 *Portrait de Rubens.*

Copie de celui de la galerie de Florence.

H. 0,73. — L. 0,59. T. — C. C^t.

873 *Portrait de femme qu'on croit être une copie de celui de la seconde femme de Rubens.*

H. 0,43. — L. 0,35. T. — C. C^t.

874 *Saint François en extase soutenu par deux anges.*

Pastiche d'après Rubens.

H. 0,51. — L. 0,43. T. — G^t. 1804.

RUGENDAS (Georges-Philippe), *né à Augsbourg en 1666, mort en 1742.* (Ecole allemande.)

Il fut élève d'*Isaac Fisches*, et il devint peintre de batailles en copiant les tableaux du Bourguignon. Il alla à Vienne, et voyagea en Italie, où il fut surnommé *Schild*. Il revint ensuite à Augsbourg, et fut nommé directeur de l'Académie. Il avait un dessin ferme et correct, un génie abondant et sévère, et il observait bien la dégradation des plans dans ses compositions.

875 *Prise d'une ville fortifiée.*

H. 0,38. — L. 0,73. T. — C. C^t.

876 *Bataille.*

Pendant du précédent.

RUISDAEL ou RUYSDAEL (Jacques), *né à Harlem vers 1630, mort en 1681.* (Ecole hollandaise.)

> Il étudia d'abord la médecine, ce qui ne l'empêchait pas de s'occuper en même temps de peinture. On assure que, dès l'âge de 12 ans, il produisit des tableaux qui étonnèrent les amateurs. On a peu de détails sur la vie de ce peintre; on ignore même le nom de son maître. Il a peint d'une manière admirable des paysages, des forêts, des chutes d'eau, des plages, des marines, et ses compositions, saisissantes de poésie et de vérité, le placent au premier rang des paysagistes hollandais.

On lui attribue :

877 *Paysage au bord d'un marais dans lequel se baignent des oiseaux aquatiques.*

Ce tableau a été gravé.

H. 0,35. — L. 0,43. T. — C. C^t.

D'après lui :

878 *Paysage avec moulin à vent au bord d'une rivière.*

H. 0,90. — L. 1,23. T. — Acq. 1846.

SEGHERS (Daniel) et SCHUT (Corneille), *tous deux nés à Anvers en 1590 : le premier, mort en 1660; le second, en 1649.* (Ecole flamande.)

> Seghers, surnommé le *Jésuite d'Anvers*, était

élève de *Jean Breugle*, dit *de Velours*. Dès sa jeunesse, il était entré dans l'ordre des Jésuites. Plus tard, il voyagea en Italie. Il peignit les fleurs avec ce goût et ce sentiment qui distinguent le grand peintre. Rubens et d'autres artistes célèbres l'employèrent pour entourer de guirlandes de fleurs des sujets de leur composition.

SCHUT sortit de l'école de *Rubens*. Il fut habile peintre d'histoire, et il a fait des esquisses que l'on attribue à son maître. Il peignait souvent en camaïeux dans les tableaux de Daniel Seghers.

879 *Guirlande de fleurs entourant l'Enfant Jésus peint en grisaille et debout sur un globe autour duquel rampe un serpent.*

Signature illisible.

H. 0,40. — L. 0,28. B. — C. Cl. de F.

SNEYDERS (FRANÇOIS), *né à Bruxelles en 1579, mort en 1657.* (École flamande.)

On lui attribue :

880 *Chat convoitant du gibier.*

H. 0,34. — L. 0,43. T. — C. C^t.

SON (JEAN VAN), *né à Anvers en 1661, mort à Londres en 1723.* (Ecole flamande).

Il fut élève de son père, Georges Van Son, qu'il a de beaucoup surpassé. Dans ses tableaux, qui sont surtout répandus en Angleterre, on remarque principalement les raisins et les pêches qu'il imitait avec une grande perfection. Ses études peintes avec fermeté et légèreté, furent très-recherchées après sa mort.

881 *Raisins dans un vase d'or.*

H. 0,59. — L. 0,46. Ovale. B. — C. F.

882 *Raisins dans un vase d'or, citron, assiettes et autres objets.*

Pendant du précédent.

STOMEEN (M.-D.), *vivait au commencement du XVIIe siècle.* (Ecole hollandaise.)

Il fut élève et imitateur de *David de Heem.*

883 *Déjeûner aux truffes, raisins, citrons, etc.*

H. 0,594. — L. 0,788. B. — C. C^t.

884 *Pâté truffé, citrons, noix, vases, serviettes.*

Signé : M.-D. DE STOMEEN, 1614.

H. 0,27. — L. 0,771. B. — C. C^t.

885 *Déjeûner : poulet rôti, citrons dans des plats d'argent, vases de vermeil, verres.*

H. 0,57. — L. 0,65. T. — C. C^t.

SWANEVELT (HERMAN VAN), dit HERMAN D'ITALIE, *né à Woerden vers* 1620, *mort à Rome en* 1655 *ou* 1690. (Ecole hollandaise.)

On croit qu'il eut *Gerard Dow* pour premier maître. Il alla ensuite se fixer à Rome, devint élève de *Claude le Lorrain,* et le prit pour modèle. Il vint à Paris, aida Patel dans les travaux de l'hôtel Lambert, et fut reçu à l'Académie royale de peinture, le 8 mars 1653.

886 *Paysage que traverse une petite rivière barrée par une chaussée.*

A gauche, trois personnages causent dans un chemin.

H. 0,49. — L. 0,33. T. — C. C*t*.

On lui attribue :

887 *Paysage.*

Des musiciens champêtres font danser des paysans.

H. 0,49. — L. 0,65. T. — C. C*t*.

888 *Paysage avec pont et obélisque en ruine.*

Diamètre : 0,22. Rond. T. — C. C*t*.

TENIERS LE VIEUX (David), *né à Anvers en 1582, mort en 1649.* (École flamande.)

Il fut élève de *Rubens*. Il voyagea en Italie, et resta 10 ans à Rome avec Elzheimer, dont il imita la manière ainsi que celle de Brower. Il a peint de grandes compositions, mais surtout des fêtes de village, des cabarets, des chimistes, etc. Ses deux fils, David et Abraham, furent ses élèves.

889 *Jeunes bergers jouant aux cartes en gardant des moutons et des vaches.*

H. 0,36. — L. 0,57. T. — C. C*t*.

De son école :

890 *Intérieur.*

Un paysan s'apprête à sortir ; trois autres se chauffent en fumant.

H. 0,48. — L. 0,62. T. — C. C*t*.

ÉCOLE FLAMANDE.

TENIERS LE JEUNE (DAVID), *né à Anvers en 1610, mort à Perk, entre Malines et Vilvorde, en 1694.* (École flamande.)

Il fut d'abord élève de *son père*, puis d'*Adrien Brauwer* et enfin de *Rubens*. Ses débuts ne furent pas heureux, mais bientôt on rendit justice à son mérite, et sa réputation devint tout à fait populaire. L'archiduc Léopold le nomma peintre de la cour, chambellan et directeur de sa galerie de tableaux. Le roi d'Espagne, la reine Christine de Suède, don Juan d'Autriche, qui fut son élève, le comblèrent de faveurs et de présents. Malgré sa prodigieuse facilité, il ne pouvait suffire aux demandes qui lui étaient adressées de tous les pays. Il fit bâtir, dans le village de Perk, un château qui devint le lieu de réunion de tous les hommes distingués de cette époque. Il fut doyen de Saint-Luc, en 1644. Les ouvrages de Teniers sont remarquables par un profond caractère d'originalité, une couleur argentine inimitable et une touche légère, vive et spirituelle qui le font reconnaître même dans ses pastiches.

891 *Sainte Thérèse en prière devant un autel, dans une caverne de rochers.*

H. 0,24. — L. 0,35. T. — C. C^t.

On lui attribue :

892 *Vieillard en méditation devant un Christ et une tête de mort.*

Signé : TENIERS.

H. 0,25. — L. 0,18. T. — Acq. 1843.

D'après lui :

893 *Kermesse, ou fête flamande.*

H. 0,54. — L. 0,66. T. — C. C^t.

THIELEN (Jean-Philippe-Van), *né à Malines en 1618, mort en 1667.* (Ecole flamande.)

Il fut élève de *Daniel Seghers*, dont il imita la manière. Corneille Poelemburg peignait quelquefois les figures qu'il introduisait dans ses tableaux.

894 *Médaillon formé de fleurs variées.*

On voit, au centre, l'Amour tenant son arc et regardant une flèche.

H. 0,28. — L. 0,24. T. — C. C^t.

VEEN (Otho Van), dit OTTO VENIUS, *né à Leyde en 1556, mort à Bruxelles en 1634.* (Ecole flamande.)

Otto Venius appartenait à l'une des plus illustres familles du Brabant. Il fut à la fois peintre, poète, historien et mathématicien. Son premier maître fut *Isaac Nicolaï*, et, à son arrivée à Rome, il étudia sous *Fedrigo Zacchero*. Après sept années de séjour dans cette ville, il se rendit en Allemagne, où il obtint la faveur des principaux souverains. De retour à Bruxelles, l'archiduc Albert le nomma surintendant des monnaies. Il fut le précurseur du beau siècle de la peinture en Belgique et le maître de Rubens.

De lui, ou de son école :

895 *Sainte Famille.*

L'Enfant Jésus, étendu sur les genoux de la Vierge, caresse le menton de saint Joseph.

Ce tableau était autrefois à Munich.

H. 0,98. — L. 0,79. T. — G^t. 1804.

VELDE (Jean Van-Den), *né à Leyde vers* 1598.

Il était frère de Willem Van-Den Velde le Vieux; il fut peintre et habile graveur.

896 *Le bon samaritain.*

Ayant amené l'homme blessé à la porte d'une hôtellerie, il le recommande à l'hôtellier, et donne deux pièces de monnaie pour payer la dépense.

Ce tableau a été gravé par l'auteur.

H. 0,22. — L. 0,17. C. — C. C^t.

VERBOECKHOVEN (Eugène), *peintre vivant, né en* 1799, *à Warneton (Belgique).* (Ecole flamande.)

897 *Plusieurs moutons dans une prairie.*

Signé : Eugène Verboeckhoven. 1839.

H. 0,67. — L. 0,91. T. — C. Cl. de F.

VERSCHUURING (Henri), *né à Gorcum en* 1627, *mort en* 1690. (Ecole hollandaise.)

898 *Choc de cavalerie au pied d'une forteresse.*

H. 0,48. — L. 0,72. T. — Acq. 1852.

VINCKENBOOMS (David), *né à Malines en* 1578, *mort à Amsterdam en* 1629, *élève de son père.* (Ecole flamande.)

899 *Paysage.*

Des voleurs attaquent et dépouillent des voyageurs au milieu d'une forêt.

Signé D. Vinck Booms fec, 1603.

H. 0,27. — L. 0,43. T. — C. C^t.

VLIET (Guillaume-Van), *né à Delft en* 1584, *mort en* 1642. (Ecole hollandaise.)

Van Vliet descendait de l'ancienne et noble famille de *Vander Voort*. Il débuta par peindre l'histoire; puis il s'attacha au portrait, genre dans lequel il obtint beaucoup de succès.

900 *Tête d'homme chauve.*

H. 0,175. — L. 0,14. B. — C. Cl. de F.

VOS (Simon de), *né à Anvers en* 1603, *mort en* 1661. (Ecole flamande.)

Il fut élève de *Rubens*, qu'il aida dans les peintures de la galerie de Médicis.

901 *Portraits de la famille Van der Aa.* (Les hommes.)

H. 1,63. — L. 0,66. B. — G^t. 1804.

902 *Portraits de la même famille.* (Les femmes.)

Pendant du précédent.

Aux revers sont peints en grisaille les figures en pied de saint Pierre et de saint Paul.

Ces deux panneaux faisaient partie d'un

tableau à volets, qui decorait autrefois la cathédrale d'Anvers, et dont le sujet principal (une résurrection) est au musée de Lille.

903 *Etudes d'un grand nombre de têtes.*

H. 0,21. — L. 0,38. B. — C. C^t.

WAEL (CORNEILLE DE), *né à Anvers en* 1594, *mort en* 1658. (Ecole flamande.)

Il fut élève de son père, *Jean de Vael*, devint premier peintre du duc d'Arschot, et peignit plusieurs tableaux pour Philippe III.

904 *L'arracheur de dents.*

Ce tableau est gravé.

H. 0,36. — L. 0,47. T. — C. C^t.

WAEL (JEAN-BAPTISTE DE). (Ecole flamande.)

Il était peintre et graveur.

905 *Buveurs à table.*

Gravé par l'auteur.

H. 0,41. — L. 0,65. T. — C. C^t.

WOUVERMAN (PHILIPS), *né à Harlem en* 1620, *mort en* 1668. (Ecole hollandaise.)

Son père, Paul Wouverman, peintre d'histoire fort médiocre, fut son premier maître. Jean Winants lui enseigna ensuite le paysage, et enfin il étudia les animaux chez Pieter Verbeek. Mais ses rapides progrès lui permirent bientôt de se livrer exclusivement à l'étude de la nature. Malgré le mérite incontestable de ses premiers tableaux, Philips eut de la peine à faire apprécier son talent. On lui préféra longtemps Van Laar, et le hasard seul, en montrant sa supériorité sur son rival, lui attira une vogue qui ne l'abandonna plus. Quel que fut l'empressement avec lequel on recherchait ses ouvrages, Wouverman ne put acquérir une honnête aisance. Chargé d'une nombreuse famille et exploité par des marchands, il lui fallut travailler sans relâche pour subsister. Aussi produisit-il un nombre de tableaux qui étonne quand on pense qu'il ne vécut que 48 ans. Ses sujets les plus ordinaires sont des manéges, des marchés aux chevaux, des haltes de cavaliers, des chasses, des campements de troupes, etc. Ses principaux élèves furent ses deux frères Pierre et Jean, Bernaert Gaal, Emmanuel Murant et autres.

906 *Halte de cavaliers.*

Gravé par.....

H. 0,54. — L. 0,66. T. — C. U. de S.-B.

WOUVERMAN (PIETER), *né à Harlem en* 1625, *mort en* 1683. (Ecole hollandaise.)

Il fut élève de *Philips Wouverman* et de *Roeland Roghman*. Il chercha surtout à imiter la manière de son frère, qu'il ne parvint pas à égaler.

907 *Un cavalier en observation sur une petite île.*

Au loin, on attaque un pont.

H. 0,24. — L. 0,19. T. — C. F.

908 *Un cavalier fait boire son cheval, un autre donne l'aumône.*

H. 0,24. — L. 0,27. T. — C. C^t.

ARTISTES INCONNUS.

909 *Portrait d'homme vêtu de noir, avec un collet blanc.*

H. 0,60. — L. 0,45. T. — C. C^t.

910 *Portrait d'un médecin feuilletant un livre appuyé sur une tête de mort.*

H. 1,14. — L. 0,81. T. — C. C^t.

911 *Un chien vient de renverser un panier de petits pains.*

Signé : P. V. B.

H. 0,92. — L. 0,70. T. — C. C^t.

912 *Un coq, deux poules et un pigeon, vivants, dans une corbeille.*

913 *Une poule défendant ses poussins contre un petit chien.*

Ces deux tableaux forment pendants.

Signés : P. V. B., 1612.

H. 0,56. — L. 0,65. T. — C. C^t.

914 *La Vierge couronnée, les mains jointes, considère avec respect l'Enfant Jésus endormi.*

H. 0,70. — L. 0,485. T. — C. C^t.

915 *La Reine des Cieux et son Fils.*

H. 0,59. — L. 0,46. T. — C. C^t.

916 *Intérieur d'une étable à vaches.*

H. 0,35. — L. 0,40. T. — C. C^t.

917 *Petit portrait de femme ayant la tête nue.*

H. 0,29. — L. 0,25. T. — C. C^t.

918 *Diane poursuivant un cerf.*

H. 0,46. — L. 0,74. T. — C. C^t.

919 *Le Christ en croix.*

La Madeleine baise les pieds du Sauveur, esquisse.

H. 0,45. — L. 0,36. B. — C. C^t.

ÉCOLE FLAMANDE.

920 *Vision de sainte Thérèse.*

Elle est dans les cieux et embrasse les pieds du Christ en croix, qui détache une de ses mains pour accueillir la sainte, esquisse.

H. 0,48. — L. 0,36. T. — C. C^t.

921 *Paysage.*

Tonte de moutons.

H. 0,49. — L. 0,87. T. — C. C^t.

922 *La demande en mariage.*

Un jeune homme, le chapeau à la main, présente un œillet à jeune fille, qui semble consulter des cartes. Derrière eux, une femme offre une tasse remplie de vin rouge à un homme coiffé d'un capuchon et portant une marotte. Plusieurs autres personnages prennent part à cette scène.

Ecole allemande du XVIe siècle.

H. 0,22. — L. 0,30. T. — C. C^t.

923 *Paysage au bord d'un lac.*

H. 0,42. — L. 0,56. T. — C. C^t.

924 *Noces du fils de Tobie.*

Ecole de Martin de Vos.

H. 1,03. — L. 0,57. B. — C. C^t.

925 *Pan et Syrinx.*

D'après Martin de Vos.

C. C^t.

ÉCOLE FLAMANDE.

926 *Intérieur.*

Vieille femme endormie sur son siége. Divers objets de ménage sont groupés autour d'elle.

H. 0,43. — L. 0,65. T. — C. C^t.

927 *L'Enfant prodigue chez des filles de joie.*

H. 0,49. — L. 0,65. T. — C. C^t.

928 *Le retour de l'Enfant prodigue.*

H. 0,48. — L. 0,65. T. — C. C^t.

929 *Paysage pris sur les bords du Rhin.*

De l'école de Winants.

H. 0,36. — L. 0,40. T. — C. C^t.

930 *Paysage. Vue des bords du Rhin.*

Pendant du précédent.

931 *Baigneuses.*

Signé : *P. l.*

H. 0,76. — L. 1 m. — T. — C. C^t.

932 *Deux Chérubins.*

Genre de Cornille Schut.

H. 0,24. — L. 0,29. T. — C. C^t.

933 *Sainte Famille aux Anges.*

H. 0,60. — L. 0,73. T. — C. C^t.

934 *Fuite en Egypte.*

Signé : P. P. R.

H. 0,41. — L. 0,30. T. — C. C^t.

935 *Intérieur d'une cuisine.*

Genre de David Ryckaert.

H. 0,73. — L. 1 m. T. — C. C^t.

936 *Autre intérieur de cuisine.*

H. 0,46. — L. 0,62. T. — C. C^t.

937 *Intérieur d'une tabagie.*

H. 0,81. — L. 0,66. T. — C. C^t.

938 *L'élévation en croix.*

H. 3,83. — L. 2,49. T. — G^t. 1809.

939 *Paysage.*

Au premier plan, une route sur laquelle on voit des piétons et des cavaliers.

Ecole de Teniers.

H. 0,50. — L. 0,72. B. — C. C^t.

940 *Corps-de-garde flamand.*

H. 0,58. — L. 0,59. T. — C. C^t.

941 *Intérieur d'une tabagie.*

Signé : P.

H. 0,65. — L. 0,80. T. — C. C^t.

942 *Marine au clair de lune.*

H. 0,44. — L. 0,51. T. — C. C^t.

943 *Paysage. Vue prise sur les bords de la Méditerranée.*

Un berger conduit un troupeau; des galères et autres bâtiments se voient près du rivage.

H. 0,89. — L. 0,976. T. — C. C^t.

944 *Reniement de saint Pierre. Scène à la lumière.*

Des soldats jouent aux dés; une servante tenant une lumière, interroge saint Pierre.

H. 1,138. — L. 1,624. T. — C. C^t.

945 *Sainte Hélène en contemplation devant la croix, que soutiennent plusieurs anges.*

H. 0,68. — L. 0,54. T. — C. C^t.

946 *Conversion de saint Matthieu.*

On remarque un tailleur brodant une casaque aux armes de Lorraine.

H. 0,27. — L. 0,38. C. — C. C^t.

947 *Repas chez Simon.*

H. 0,27. — L. 0,38. C. — C. C^t.

ÉCOLE FLAMANDE.

948 *Un coq et deux poules.*

H. 0,49. — L. 0,65. T. — C. C^t.

949 *Sainte Madeleine couchée sous des rochers, et contemplant le ciel.*

H. 0,15. — L. 0,20. C. — C. C^t.

950 *Tableau de fleurs en guirlande.*

H. 0,81. — L. 0,65. C. — C. C^t.

951 *Autre tableau de fleurs en guirlande.*

Pendant du précédent.

952 *Oiseaux morts.* Bécasses, piverts, canard, etc.

H. 0,49. — L. 0,51. T. — C. C^t.

953 *Prunes dans un plat de porcelaine.*

H. 0,22. — L. 0,30. C. — C. C^t.

954 *Tentation de saint Antoine.*

H. 0,33. — L. 0,42. T. — C. C^t.

955 *Livres, écritoires, plumes, etc.*

H. 0,41. — L. 0,48. B. — C. C^t.

956 *Livres, contrats, instruments de musique, horloge de sable, sur une table couverte d'un tapis. Signé sur l'horloge I. V. M.*

H. 0,78. — L. 0,68. T. — Acq.

957 *Intérieur. Scène de famille. (Genre de Lenain.)*

Une vieille femme fait manger une petite fille ; une autre fourbit un vase sur le fond d'une barrique.

H. 0,65. — L. 0,79. T. — C. C^t.

958 *Un homme monté sur un cheval attelé à un chariot couvert, arrêté à la porte d'un cabaret de village, reçoit de l'hôtesse un verre de vin rouge.*

Tableau rappelant J. Otade.

H. 0,54. — L. 0,67. T. — C. C^t.

959 *Décollation de saint Jean-Baptiste.*

Copie d'un tableau d'Albert Durer, peint en 1501.

H. 0,35. — L. 0,43. B. — C. C^t.

960 *La Vierge et l'Enfant Jésus. Deux anges en adoration.*

Gravé dans l'œuvre d'Albert Durer.

H. 0,49. — L. 0,38. B. — C. C^t.

961 *Un pèlerin.*

H. 0,54. — L. 0,40. T. — C. C^t.

962 *Intérieur de cuisine.*

H. 0,73. — L. 0,62. T. — C. C^t.

ÉCOLE FLAMANDE.

963 *Portrait de Louis XIII, jeune homme.*

H. 0,46. — L. 0,38. T. — C. C^t.

964 *Repas d'une famille flamande.*

H. 0,72. — L. 1,10. B. — Acq.

965 *Saint Jérôme à genoux devant le crucifix.*

Fond de paysage.

H. 0,62. — L. 0,52. B. — C. C^t.

966 *Paysage, ferme italienne.*

Sur le devant, plusieurs vaches et moutons.

H. 0,54. — L. 0,72. T. — C. C^t.

967 *Oiseaux morts de diverses espèces.*

H. 0,52. — L. 0,80. T. — C. C^t.

968 *L'ange indiquant à Agar une source d'eau vive.*

H. 0,35. — L. 0,46. T. — C. C^t.

969 *Adoration des Rois.*

H. 0,90. — L. 1,22. T. — Acq. 1846.

970 *Promenade d'un prince et de princesses, en voitures, sur une plage.*

H. 0,73. — L. 0,95. T. — Acq. 1846.

ÉCOLE FLAMANDE.

971 *Portrait de Frédéric II, roi de Prusse.*

H. 0,59. — L. 0,45. Pastel. — C. Cl. de F.

Ce portrait, ainsi que le dit l'inscription placée au bas du cadre, « fut donné par le roi Frédéric II à » S. E. le feld-maréchal de Mollendorf; et, par le » feld-maréchal, à S. Ex. le général de division » Clarke, gouverneur général de Berlin. »
Ce pastel est d'autant plus intéressant qu'il doit être le portrait exact du grand Frédéric. En effet, le comte de Mollendorf, qui fut d'abord page de ce prince et assista à toutes ses batailles, gagna, en même temps que les grades supérieurs, l'estime et l'affection de son maître. Frédéric, triste et morose dans ses dernières années, ne voulait d'autre société que celle de Mollendorf. Le vieux feld-maréchal octogénaire donna ce portrait au général Clarke (depuis maréchal duc de Feltre), que Napoléon avait nommé gouverneur-général de Berlin après la bataille d'Iéna et la conquête de la Prusse. Ce cadeau était un témoignage de l'estime que sa modération et son inflexible probité avaient su inspirer aux habitants de la ville conquise.

972 *Marchand de liqueurs dans un paysage.*

Genre de Wilem Bawr.

H. 0,16. — L. 0,10. — C. C^t.

973 *Le Dentiste.*

H. 0,27. — L. 0,19. T. — C. C^t.

974 *Paysage.*

Fourches patibulaires.

H. 0,14. — L. 0,19. T.

975 *Vue d'un village dans lequel des paysans tirent sur des soldats.*

Pendant du précédent.

Donnés par M. Bédert.

976 *Homme et femme en prière.*

H. 0,27. — L. 0,19. B. — C. C^t.

977 *Le Camouflet.*

H. 0,38. — L. 0,50. Ovale. B. — C. C^t.

978 *Vaches, chèvres, moutons et bergers dans une étable.*

H. 0,58. — L. 0,84. T. — C. C^t.

979 *Fumeurs jouant à paire ou non.*

Genre d'Abraham Teniers.

H. 0,30. — L. 0,37. T. — C. C^t.

980 *Portrait que l'on croit être celui de Jansenius.*

H. 0,40. — L. 0,32. B. — Acq.

981 *Intérieur d'une école.*

Imitation d'Adrien Van Ostade. (Ecole hollandaise.)

H. 0,46. — L. 0,64. B. — Acq.

982 *Buveurs attablés dans un cabaret.*

Attribué à Nicolas-Mins Molnaer. (Ecole hollandaise.)

H. 0,47. — L. 0,37. B. — Acq.

SCULPTURE.

STATUES

MARBRES.

DUCOMMUN DU LOCLE (Daniel-Henri-Joseph), *né à Nantes, connu dans les arts sous le nom de Daniel, élève de Bosio et de Cortot.*

983 *Cléopâtre.*

Statue en marbre de Carrare, plus grande que nature.

Après avoir été vaincue à la bataille d'Actium, l'orgueil de cette reine voluptueuse ne supporta pas l'idée de servir au triomphe d'Auguste. Ne pouvant s'empoisonner, elle se fait apporter un panier de figues, où est cachée une vipère, dont elle cherche la piqûre.

Donné par l'auteur à sa ville natale. 1849.

En vertu d'une décision ministérielle du 6 juillet 1852, cette statue a été reproduite en bronze pour la galerie du Luxembourg.

984 *L'Amour et Psyché.*

Groupe en marbre blanc, par Maximilien, d'après l'antique.

Légué au Musée par M. le baron Tharreau.

H. 0,98.

985 *Polymnie, muse.*

Statue en marbre blanc.

Faite à Rome, par *Maximilien*, d'après celle du Vatican, maintenant au Louvre, à Paris.

H. 1,861. — C. C^t.

986 *Statue du jeune Hyacinthe, blessé par Apollon.*

Figure originale, par *Maximilien*, en marbre blanc, ainsi que le piédestal, qui est orné de fleurs portant le nom de la statue.

H. 1,624. — C. C^t.

987 *Groupe en marbre blanc, représentant Bacchus et Ariane.*

Copie d'après l'antique, par *Maximilien*.

H. 0,54. — C. C^t.

988 *Pâris, en marbre blanc, par Giraud, pensionnaire à Rome.*

H. 1,354. — G^t. 1821.

989 *Hercule, enfant, étouffe les serpents envoyés par Junon.*

Par Debay fils, né à Nantes.

Marbre d'après une statue antique trouvée dans les fouilles de Pompéï.

Proportion, 1,192. — G^t. 1833.

990 *Páris tenant la pomme qu'il va donner à Vénus pour prix de la beauté.*

Par Seurre, d'après l'antique.

H. 1,408. — G^t. 1833.

991 *Camille, ou jeune sacrificateur romain.*

Statue en marbre, d'après l'antique, par Jaley.

H. 1,408. — G^t. 1833.

Nota. MM. Debay fils, Seurre et Jaley avaient remporté le grand prix de sculpture à Paris, avant de passer à l'école de Rome.

BRONZES.

992 *Milon de Crotone.*

Statue en bronze, d'après Puget, par Desprez.

H. 0,976. — G^t. 1835.

DEBAY père, *artiste vivant, né à Malines en 1779.*

993 *Mercure ayant endormi Argus, saisit son épée pour lui couper la tête.*

Statue en bronze de grandeur naturelle. Signé : DE BAY, *faciebat Parisiis anno* MDCCCXXII ; et plus bas : exécuté en bronze par Carbonneau.

C. U. de S.-B.

ETEX (ANTOINE), *artiste vivant, né à Paris, élève de* Dupaty, *d'*Ingres *et de* Pradier.

994 *Héro, statue en bronze de grandeur naturelle.*

Signé : ETEX, Rome 1845. Paris 1849.

G^t. 1858.

PLATRES.

995 *Apollon, dit du* Belvédère.

Plâtre moulé sur l'antique.

H. 2,30. — Acq.

996 *Vénus, dite de* Médicis.

Moulée sur l'antique.

H. 1,516. — C. C^t.

997 *Achille.*

Moulé sur l'antique qu'on voit au Musée du Louvre, à Paris.

H. 2,50. — C. C^t.

998 *Personnage romain en Mercure, dit le* Germanicus.

Statue moulée sur l'antique qu'on voit au Louvre, à Paris.

H. 1,796. — C. C^t.

999 *Héros, dit le* Gladiateur combattant.

Moulé sur la statue antique qu'on voit au Louvre.

Proportion, 1,99. — C. C^t.

1000 *Hyppomène et Atalante.*

Groupe original en plâtre, par Guichard, statuaire.

Donné par M. Dérivas aîné, de Nantes.

Grandeur naturelle.

1001 *Madeleine, pénitente.*

Moulée sur celle de Canova.

Grandeur naturelle. — C. C^t.

1002 *L'Apolline.*

Moulée sur l'original en marbre de Lamarie, qu'on voit aux Tuileries.

H. 1,38. — C. C^t.

SCULPTURE. 273

1003 *Statue de Flore, dite de* Farnèse.

Copie en terre cuite, par Maximilien.

H. 1 m. — C. C^t.

1004 *Statue de Junon.*

Copie en terre cuite, par Maximilien, d'après l'antique.

H. 0,81. — C. C^t.

1005 *Groupe d'Aria et Petus.*

Copie en terre cuite, par Maximilien.

H. 0,54. — C. C^t.

1006 *Muse.*

Copie en terre cuite, par Maximilien, d'après l'antique.

H. 0,653. — C. C^t.

1007 *Autre Muse.*

Copie en terre cuite, par Maximilien, d'après l'antique.

C. C^t.

1008 *Centaure Borguèse.*

Copie en terre cuite, par Maximilien, d'après l'antique.

H. 0,54. — C. C^t.

1009 *Statue de la Victoire.*

En plâtre.

H. 0,324. — C. C^t.

1010 *Henri IV enfant, par* Bosio.

Statue en plâtre, moulée sur l'original en marbre.

H. 1,30. — G^t.

1011 *Hyacinthe mourant.*

Par Debay fils, de Nantes, et donné par lui.

Cette statue lui a valu le premier grand prix de sculpture.

H. 0,976.

1012 *Vénus sortant de l'onde et surprise à la vue d'Adonis, qui lui fait connaître tous les sentiments qu'elle apporte au monde.*

Plâtre donné au Musée de Nantes par l'auteur, M. Malknecht.

L'original en marbre de cette statue avait été acheté par le Roi Louis-Philippe, pour sa galerie particulière.

Grandeur naturelle.

1013 *Mars se plaignant de sa blessure à Jupiter.*

Plâtre donné par l'auteur, M. Dominique Malknecht.

1014 *Vénus accroupie.*

En plâtre, moulée sur l'antique.

C. C^t.

1015 *Minerve, dite de* Velletri.

Moulée en plâtre sur l'antique que l'on voit au Musée de Paris.

C. C^t.

1016 *Argus.*

Statue de grandeur naturelle (plâtre), par Debay père.

Le gardien d'Io cède au sommeil excité par les sons de la flûte de Mercure et l'influence de son caducée.

1017 *Mercure.*

Mercure, ayant endormi Argus, saisit son épée pour lui couper la tête.

Statue de grandeur naturelle (plâtre), par le même.
Les originaux de ces deux statues se voient au château de Compiègne.

1018 *Le Discobole.*

Athlète s'exerçant avec un disque ou palet.

Statue de grandeur naturelle (plâtre), par le même.

Ces trois statues, ouvrage de M. Debay père, longtemps notre concitoyen, ont été données au Musée par M. Varsavaux père, ancien député.

1019 *Moïse.*

Plâtre, moulé sur une copie du Moïse de Michel-Ange, faite par Seglas, pensionnaire français à Rome.

H. 0,817. — C. C^t.

1020 *Un Forban.*

Par Amédée Ménard, statuaire à Nantes.

Statue en plâtre.

Acq. 1836.

1021 *Minerve,* dite de *Justiniani.*

Plâtre, moulée sur une copie faite par Seglas.

H. 0,653. — C. C^t.

1022 *Taureau.*

Plâtre, d'après nature.

C. C^t.

1023 *Vache.*

Plâtre, d'après nature.

C. C^t.

1024 *La Liberté.*

Statue par David, d'Angers; donnée par M. Guépin, docteur-médecin.

1025 *La Vénus de Milo.*

Cette belle statue a été découverte au mois de février 1820, dans l'île de Milo.

Moulée sur l'antique.

H. 2,038. — G^t.

1026 *Cérès.*

Moulée sur l'antique.

H. 1 m. — C. C^t.

BUSTES

MARBRES.

1027 *Buste en marbre blanc, d'Elfride Clarke de Feltre, sœur du donateur, morte en bas âge.*

Par Ruxthiel (Henri-Joseph), sculpteur français, né à Lierneux (province de Liége) en 1775, mort à Paris en 1837, élève de David et de Houdon.

Il remporta, en 1804, le 2e grand prix, au concours de l'Institut, et le premier en 1808.

C. Cl. de F.

1028 *Buste en marbre d'Edgar Clarke, duc de Feltre, donateur de la collection qui porte son nom.*

1029 *Buste en marbre d'Alphonse, comte de Feltre, frère du donateur.*

Par Jalcy (Jean-Louis-Nicolas), né à Paris en 1802, élève de Cartelier.

Ces deux bustes ont été exécutés aux frais de la ville de Nantes, en mémoire du donateur et de son frère. 1854.

1030 *Tête de l'empereur Adrien.*

Rapportée d'Ephèse, et donnée au Musée par M. de Cornulier (René), de Nantes, capitaine de vaisseau, 1844.

1031 *Buste de Mathurin Crucy.*

Ancien pensionnaire du roi à Rome, architecte, auteur de la salle de spectacle, de la Bourse, du Cours Henri IV, du Musée, etc., de Nantes.

Donné par l'auteur, M. Debay fils, de Nantes. 1834.

1032 *Buste du général de Bréa.*

En marbre blanc, par M. Grootaers fils, de Nantes.

G^t. 1849.

1033 *Buste du général de division Gérard, par le même.*

1034 *Portrait colossal de Napoléon Ier.*

En marbre blanc, fait d'après nature, par Maximilien.

C. C^t.

1035 *Tête de Nymphe.*

> Copiée à Rome d'après l'antique.
>
> C. C^t.

1036 *Tête de la mère Niobé.*

> Copiée d'après l'antique.
>
> C. C^t.

1037 *Tête d'une des filles de Niobé.*

> Copiée d'après l'antique.
>
> C. C^t.

1038 *Tête d'une autre des filles de Niobé.*

> Copiée d'après l'antique.
>
> C. C^t.

1039 *Buste d'Apollon.*

> Copié à Rome, d'après l'antique.
>
> C. C^t.

1040 *Tête de philosophe.*

> Copiée d'après l'antique.
>
> C. C^t.

1041 *Tête de philosophe.*

> Copiée d'après l'antique.
>
> C. C^t.

1042 *Tête de philosophe.*

Copiée d'après l'antique.

C. C^t.

1043 *Tête de Brutus.*

Copiée à Rome d'après l'antique.
Grandeur originale.

C. C^t.

1044 *Tête de Méduse.*

Copiée à Rome d'après l'antique.
Grandeur originale.

C. C^t.

1045 *Tête d'Isis.*

Copiée à Rome d'après l'antique.
Grandeur originale.

C. C^t.

1046 *Tête d'Isis.*

Copiée à Rome d'après l'antique.
Grandeur originale.

C. C^t.

1047 *Tête de femme.*

D'après l'antique.

C. C^t.

1048 *Tête de femme.*

D'après l'antique.

C. C^t.

1049 *Tête de femme.*

D'après l'antique.

C. C^t.

1050 *Portrait du général Dumoustier.*

Par Suc (Etienne-Nicolas-Edouard), sculpteur à Nantes, élève de Lemaire, mort en 1855.

G^t. 1855.

1051 *Tête de Vierge. Ronde-bosse, en marbre, par le même.*

Acq. 1855.

1052 *Buste d'un guerrier.*

1053 *Buste de femme.*

Deux médaillons donnés par M. Constant Verger.

1054 *Médaillon représentant l'Antinoüs antique de la Villa Albani.*

Copie faite à Rome.

C. C^t.

1055 *Vase de la* Villa Médicis.

En marbre statuaire, copié à Rome, d'après l'antique.

C. C^t.

1056 *Vase de la* Villa Borghèse.

En marbre statuaire, copié à Rome, d'après l'antique.

Ces deux vases furent donnés en présent par le pape Pie VI à Cacault, notre compatriote, lorsqu'il était à Rome, chargé des affaires de la République française près du Saint-Siége.

C. C^t.

1057 *Vase en marbre statuaire.*

Copié d'après l'antique, trouvé dans la *Villa Adriana*, près de Tivoli, et, depuis, transporté en Angleterre par Hamilton.

Grandeur originale.

C. C^t.

1058 *Cassolette, décorée de têtes de béliers.*

En marbre statuaire, copiée d'après l'antique.

Diamètre, 50 c. — C. C^t.

1059 *Très-belle cheminée.*

En marbre statuaire.

H. 1,385. — L. 1,826. — C. C^t.

L'architrave est décorée de trois médaillons en mosaïque, représentant un chardonneret, un verdier et un pinson. Les pilastres sont incrustés d'agate. Un chapelet de cuivre doré entoure tous ces ornements.

1060 *Autre cheminée.*

En marbre statuaire.

H. 1,33. — L. 1,66. — C. C^t.

L'architrave est ornée de bas-reliefs représentant des chimères, et supportée par deux colonnes et quatre pilastres cannelés.

1061 *Table de lumachelle grise.*

Formée en grande partie de coquilles d'huîtres.

H. 1,83. — L. 0,552. — C. C^t.

1062 *Table.*

Plaquée de divers échantillons de laves, entourée de cercles de lave blanche, de marbre jaune de Siam et de marbre rouge antique.

H. 1,33. — L. 0,66. — C. C^t.

1063 *Table de porphyre.*

H. 1,083. — L. 0,524. — C. C^t.

1064 *Quatre colonnes.*

L'une en marbre jaune de Siam, et les autres en marbre brèche violette.

C. C^t.

TERRES CUITES.

1065 *Portrait de Lemoine, sculpteur français du dernier siècle.*

Buste en terre cuite bronzée, par Pajou son élève, et donné par son petit-fils Lemoine, administrateur de la marine à Nantes.

1066 *Portrait colossal de Washington.*

Terre cuite.

C. C^t.

1067 *Portrait de Chaumont, peintre.*

Terre cuite, par Debay père.

BRONZES.

1068 *Portrait de Louis XVIII.*

Buste en bronze.

G^t.

1069 *Portrait d'homme.*

Médaillon en bronze.

C. C^t.

PLÂTRES.

1070 *Buste de Pie VI.*

Fait à Rome par Le Brun, sculpteur français.

Grandeur un peu au-dessus de nature.

C. Ct.

1071 *Buste de Pie VII.*

Fait par Pacetti, sculpteur romain.

Grandeur naturelle.

C. Ct.

1072 *Portrait colossal de Rezzonico, le pape Clément XIII.*

Plâtre original du marbre placé sur le tombeau de ce pontife, élevé dans l'église de Saint-Pierre, à Rome, et exécuté par Canova.

C. Ct.

1073 *Portrait de Piranesi père, dessinateur et graveur.*

Un peu plus grand que nature.

C. Ct.

1074 *Portrait de Canova.*

Fait d'après nature, par d'Este.

C. Ct.

1075 *Portrait de Talma dans le rôle de Néron, de Britannicus.*

Fait en 1813, d'après nature, par Debay père.
Donné par M. Salomon Poirier.

1076 *Tête d'Auguste, enfant.*

Moulé sur l'antique.

C. C[t].

1077 *Alexandre.*

Moulé sur l'antique. Donné par M. Bedert.

1078 *Tête colossale de la Minerve de Villetri.*

Un des premiers plâtres moulés sur l'original antique.

C. C[t].

1079 *Tête de philosophe.*

Moulée à Rome sur l'antique.
Grandeur naturelle.

C. C[t].

1080 *Tête colossale de Jupiter Sérapis.*

Moulée à Rome sur l'antique.

C. C[t].

1081 *Buste colossal de Persée.*

Moulé sur l'original de Canova.

C. C[t].

1082 *Tête colossale.*

Moulée sur le génie de Canova, faisant partie du tombeau du pape Rezzonico.

C. C^t.

1083 *Torse d'adolescent.*

Moulé sur l'antique.

C. C^t.

1084 *Torse de Cupidon.*

Moulé sur l'antique.

C. C^t.

1085 *Torse de Vénus.*

Moulé sur l'antique.

C. C^t.

1086 *Cinq bas-reliefs, tirés du Parthénon.*

Moulés sur l'antique.

G^t.

1087 *Bas-relief représentant le char du soleil.*

G^t.

1088 *Vénus et les Grâces dansant devant Mars.*

Bas-relief en plâtre, de Canova.

C. C^t.

1089 *Bas-relief de Jean Goujon, représentant Diane chasseresse, caressant un cerf.*

1090 *Io changée en vache dans les bras de Jupiter.*

Bas-relief, moulé sur l'antique.

1091 *Buste de Thalie.*

1092 *Buste de Diane.*

1093 *Buste d'Antinoüs.*

1094 *Tête d'Ariane.*

1095 *Buste du général Baron Tharreau (Jean-Victor).*

Moulé sur la statue qui est à Versailles, par Debay père; et donné par sa veuve, Mme Tharreau, à Nantes.

1096 *Portrait de M. Evariste Boulay-Paty.*

Buste par M. Barré (de Nantes), sculpteur à Rennes.

Donné par l'auteur.

1097 *Portrait du général Cambronne.*

Buste en plâtre par Suc, sculpteur à Nantes.

1098 *Epée du général Cambronne.*

Ces deux objets ont été remis au Musée par

M. le directeur des Domaines, sur l'invitation de MM. Roussin et Wack, exécuteurs testamentaires.

1099 *Buste de Bacchus, coiffé de pampre.*

Moulé sur l'antique.

1100 *Tête d'Esculape.*

Moulée sur l'antique.

1101 *Buste de la Justice, placé à l'un des angles du tombeau de François II.*

On croit que c'est le portrait de la reine Anne, avec la couronne ducale.

1102 *Buste de la Sagesse.*

Statue du même tombeau, qui doit être aussi un portrait, mais inconnu.

1103 *Jésus-Christ assis.*

Bas-relief, par M. Ducommun du Locle.

Donné par l'auteur.

1104 *Cabaret artistique*, provenant de la Manufacture de Sèvres.

Envoyé par le Gouvernement. 1848.

COLLECTION

DE FRAGMENTS D'ORNEMENTS ANTIQUES DE LA GALERIE D'ARCHITECTURE DE L'ÉCOLE IMPÉRIALE DES BEAUX-ARTS, A PARIS.

N°ˢ du Musée de Nantes.	N°ˢ du Musée Impérial.	
1105	— 30.	*Rosace.*
1106	— 31.	Idem.
1107	— 46.	*Tuile.*
1108	— 147.	Idem.
1109	— 272.	Idem.
1110	— 306.	Idem.
1111	— 375.	Idem.

Fragments du temple de Jupiter à Olympie.

1112	— 396.	*Tuile.*
1113	— 397.	Idem.
1114	— 398.	Idem.
1115	— 399.	Idem.
1116	— 400.	Idem.
1117	— 401.	Idem.

SCULPTURE.

1118 — 402. *Tuile.*

1119 — 403. Idem.

1120 — 404. Idem.

1121 — 406. Idem.

1122 — 81. *Face d'un cippe.*

1123 — 184. Idem idem.

1124 — 94. *Pilastre arabesque.*

1125 — 95. *Suite du susdit pilastre.*

1126 — 302. *Couronnement du pilastre.*

1127 — 96. *Grand pilastre arabesque.*

1128 — 96 bis. *Suite* idem.

1129 — 96 ter. *Suite* idem.

1130 — 102. *Chimère ailée.*

1131 — 103. *Griffon.*

GRANDEUR RÉDUITE.

1132 — 325. *Tombeau de Scipion.*

1133 — 125. *Tête de lion et sa griffe portant.*

1134 — 330. *Tête de chimère et sa griffe portant.*

1135 — 133. *Renommée,* par Jean Goujon.

1136 — 134. Idem idem.

1137 — 136. *Grand Mascaron.*

1138 — 138. *Grand Mascaron.*

1139 — 157. *Frise de rinceaux.*

1140 — 164. *Fragment de frise, avec enfant.*

1141 — 358. *Fragment de frise du temple du Soleil, ou frontispice de Néron à Rome.*

1142 —
- 364. *1re partie des rinceaux de la Villa Médicis.*
- 365. *2e Idem idem.*
- 366. *3e Idem idem.*
- 367. *4e Idem idem.*

1143 — 196. *Une proue de vaisseau antique.*

1144 — 173. *Bas-relief étrusque (de l'école d'Égine), de la Villa Albane.*

Ce bas-relief, comme les trois suivants, a reçu le nom de Choragique. Tous quatre rappellent une victoire remportée par une tribu athénienne, dans le concours solennel des chœurs de musique qui avaient lieu, dans les fêtes d'Apollon et de Bacchus, à Athènes.

Dans le n° 173, on voit le temple consacré à Apollon Pythien à Athènes, où l'on célébrait les concours des chœurs; trois personnages du chœur paraissent sous les attributs d'Apollon, de Diane et de Latone. La Victoire verse une libation en action de grâces; le trépied, prix de cette victoire, se voit au sommet d'une colonne.

Les n°^{s} 211, 212, 213, représentent d'autres personnages du chœur dans différents attributs. (Musée Impérial.)

1145 — 211. Idem idem.

1146 — 212. Idem idem.

1147 — 213. Idem idem.

1148 — 214. Idem *grec.*

1149 — 215. Idem idem.

1150 — 359. Idem *Guirlande de fruits.*

1151 — 362. *Bas-relief provenant de la Villa Albani.*

Réconciliation de Xéthus avec Amphion, son frère, par l'entremise de leur mère Antiope, qui les avait eus de Jupiter.

L'original est au Musée de Paris.

1152 — 363. Idem. *Un Faune et une Ménade.*

1153 — 179. *Feuille du chapiteau intérieur du Panthéon à Rome.*

1154 — 198. *Tête de chimère sur angle.*

1155 — 282. *Figure étrusque.*

1156 — 303. *Candélabre du Capitole.*

1157 — 304. *Vase forme Médicis avec figures, fond lisse.*

1158 — 305. Idem idem, *fond cannelé.*

1159 — 361. *Une base de colonne de la Villa Justiniani.*

1160 — 408. *Chapiteau du temple d'Erechtée à Athènes.*

1161 — {409. 410.} *Ent. dudit temple.*

1162 — 0. *Cymaise grecque.*

1163 — *Masque de Bacchus indien, servant d'anse au vase de porphyre déposé au Musée d'Angers.*

COLLECTION
CLARKE DE FELTRE.

Nota. Voir le Catalogue général pour les notices et les descriptions.

1 Bilcoq. *Jeune femme regardant une miniature.*

2 Boissieu (Jean-Jacques de). *Paysage.*

3 — (attribué à). *Paysage.*

4 Brascassat (Jacques-Raymond). *Vaches au pâturage.*

5 Canella. *Paysage.* Effet de lune.

6 Delaroche (Paul). *Enfance de Pic de la Mirandole.*

7 — *La Balanceuse.*

8 — *Première pensée de l'hémicycle du palais des Beaux-Arts.*

9 — *L'art gothique*, étude pour l'hémicycle.

10 — *La Renaissance,* idem.

11 Delaroche (Paul). *Tête de Léonard de Vinci, étude pour l'hémicycle.*

12 — *Tête de moine camaldule.*

13 — *Idem idem.*

14 — *Deux têtes idem.*

15 — *Idem idem.*

16 — *Un apôtre en buste.*

17 — *Mazarin mourant; première pensée.*

18 — *Portrait du comte Alphonse de Feltre, dessin.*

19 Delaroche (Jules-Hippolyte). *Paysage.*

20 — *Autre paysage.*

21 Diaz (Narcisse). *Déroute de cavaliers turcs.*

22 Diétrich (Jean-Wilhelm-Ernest). *Paysage.*

23 — *Solitaire à genoux, priant.*

24 — *Un moine à genoux, lisant.*

25 Dubufe (Claude-Marie). *Portrait de la maréchale, duchesse de Feltre.*

26 Duval (Eustache-François). *Paysanne faisant des crêpes.*

27 Fabre (François-Xavier). *Portrait du maréchal, duc de Feltre, en costume de ministre de l'Empire.*

28 FLANDRIN (Hippolyte). *La Rêverie.*

29 — *Tête d'étude de jeune fille.*

30 FLANDRIN (Paul). *Portraits sur la même toile de MM. Hippolyte et Paul Flandrin.*

31 — *Portrait du duc de Feltre,* dessin.

32 — *Vue d'un golfe de la Méditerranée,* étude.

33 GREUZE (Jean-Baptiste). *Portrait du comte de Saint-Morys, enfant.*

34 — *Portrait de Saint-Morys, membre du Parlement, oncle du précédent.*

35 GUDIN (Théodore). *Paysage au soleil couchant,* étude.

36 HAGEN (Jean Van). *Paysage.*

37 HELMSDORF. *Vue des ruines du Herrnstein,* esquisse.

38 HELST (Bartholomé Vander). *Portrait d'un magistrat hollandais.*

39 HESSE (Alexandre). *Jeune fille portant des fruits sur un plateau.*

40 — *Moissonneuse.*

41 — *Concert vénitien,* esquisse.

42 — *Portrait du duc de Feltre,* dessin.

43 HUET (Jean-Baptiste). *Bestiaux au pâturage.*

44 Huet (Jean-Baptiste). *Chevaux et moutons dans un pâturage.*

45 Jacquand (Claudius). *Un cardinal vient chercher Ribera dans son atelier à Naples.*

46 — *Marie de Médicis visitant l'atelier de Rubens.*

47 Koekkoek (attribué à B. C.). *Paysage.* Effet d'hiver.

48 Largillière (Nicolas). *Portrait d'homme.*

49 Lepoittevin (Eugène). *Marine.* Naufrage.

50 Nanteuil (Robert). *Portrait d'homme.*

51 Nattier (Jean-Marc). *Portrait de La Camargo.*

52 Papety (Dominique-Louis-Féréol). *Prière à la Madone.*

53 Pitloo. *Vue du lac de Cumes,* esquisse.

54 — *Vue du château de Caprie,* esquisse.

55 Poel (Egbert Vander). *Incendie nocturne.*

56 Poussin (Nicolas). *Ravissement d'un saint,* esquisse.

57 Renoux. *Etude de Rochers.*

58 Robert (Louis-Léopold). *L'Hermite du mont Epomeo.*

59 — *Les baigneuses de l'Isola di Sora.*

60 ROBERT (Louis-Léopold). *Petits pêcheurs de grenouilles dans les marais Pontins.*

61 — *Une religieuse debout,* étude.

62 ROBERT-FLEURY (Joseph-Nicolas). *Portraits en pied de MM. Edgar, Arthur et Alphonse de Feltre.*

63 SALVI DA SASSOFERRATO (Giovanni-Baptista). *Tête de Vierge en adoration.*

64 SEGHERS (Daniel) et SCHUT (Corneille). *Guirlande de fleurs entourant l'Enfant Jésus.*

65 SOLIMENA (Francesco). *La Vierge et l'Enfant Jésus.*

66 — *Sainte Geneviève.*

67 STEUBEN (Charles). *Une odalisque.*

68 — *La Liseuse.*

69 SUBLEYRAS (Pierre). *L'Ermite.*

70 TANNEUR. *Marine.*

71 TOURNIÈRES (Robert). *Portraits de la famille de Maupertuis.*

72 TRIMOLET (Anthelme). *Portrait d'homme.*

73 VERBOECKHOVEN (Eugène). *Moutons dans une prairie.*

74 VERNET (Horace). *Abraham renvoyant Agar et Ismaël.*

75 VLIET (Guillaume Van). *Tête d'homme chauve.*

76 INCONNU. *Portrait de Fréderic II, roi de Prusse.* (Pastel.)

77 — *Une dame de la cour de Louis XV.*

78 — *Portrait de Christine, reine de Suède.*

79 — *Portrait en buste d'une jeune fille.*

80 — *Paysannes suisses au bord de l'eau.*

81 — *Intérieur d'une chaumière.*

82 RUXTHIEL (Henri-Joseph). *Buste en marbre blanc, d'Elfride Clarke de Feltre.*

83 JALEY (Jean-Louis-Nicolas). *Buste en marbre d'Edgar Clarke, duc de Feltre, donateur de la collection.*

84 — *Buste en marbre d'Alphonse, comte de Feltre, frère du précédent.*

TABLE ALPHABÉTIQUE

	Pages.		Pages.
Achard,	7	Biscaye,	206
Akorf,	204	Blanchard (Jacques),	10
Albani,	105	Blanchard (L.-Gabriel),	10
Aligny,	7	Bloemaert,	207
Allegri,	106	Bloemen,	207
Alsloot,	204	Boeyermans,	208
Amerighi,	107	Bohnn,	11
Ancienne école de Florence	193	Boissieu,	11
Angeli,	108	Bonifazio,	114
Appelmann,	204	Bonzel,	114
Aretusi,	109	Bosio, statuaire,	274
Asselin,	205	Both,	209
Backuisen,	205	Bouchaud,	12
Balfourier,	8	Boudewyns et Bout,	210
Barbarelli,	109	Boulanger,	12
Barbieri,	111	Bourdon,	13
Barbot,	8	Bourguignon (v^r Courtois),	21
Barré, statuaire,	288	Brakemburg,	211
Barrias,	9	Brascassat,	14
Bartolomméo,	112	Brauwer (Adrien),	211
Bassan (voir Ponte),	140	Bredael,	211
Bedert,	9	Breemberg,	212
Benefiale	112	Breughel (Abraham),	214
Berrettini,	113	Breughel (Jean),	213
Bertin (Jean-Victor),	9	Breughel (Pierre),	212
Bilcoq,	9	Brion,	17
Billotte,	10	Bronzes,	270-284

TABLE.

	Pages.		Pages.
Bronzino,	114	David (Jacques-Louis),	23
Bruandet,	17	David (Flamand),	219
Bucquet,	17	David, statuaire,	276
Bustes,	277	De Bay (Auguste),	24
Cabat,	17	De Bay fils, statuaire,	270-274-[278
Cacault, Pierre-René,	18		
Calabrese (voir Preti),	142	De Bay père, statuaire,	271-[275-284-286
Caliari,	115		
Canal, dit Canaletti,	118	Decker,	219
Canella,	18	Delacroix,	24
Cano (Alonzo),	195	De la Roche (J.-Hipp.),	28
Canova,	119-272-285-286-287	De la Roche (Paul),	25
Canuti,	121	Delestre,	28
Caravage (v^r Amérighi),	107	Destouches,	29
Carducci,	121	Diaz,	29
Caresme,	18	Diétrich,	219
Carpi,	122	Dominiquin (v^r Zampieri),	165
Carracci,	122	Dossi,	127
Casanova,	18	Doyen,	29
Castelli,	123	Dubuffe père,	30
Castiglione,	124	Ducommun du Locle, stat.	268
Catrufo,	19	Dughet (Guaspre),	128
Cavedone,	125	Duval,	30
Cerquozzi,	125	Dyck (Van),	220
Champaigne (Philippe de),	215	Ecole espagnole,	195
Chancourtois,	19	Ecole française,	7
Chaperon,	20	Ecoles hollandaise, flamande et allemande,	204
Chardin fils,	20		
Chompagnio,	126	Ecole italienne,	105
Coignard,	20	Elzheimer,	221
Collection Clarke de Feltre	295	Este (d'), statuaire,	285
Colson,	21	Etex, statuaire,	271
Coques (Gonzalès),	217	Fabre,	30
Corot,	21	Feti,	129
Correge (voir Allegri),	106	Fiasella,	129
Cortone (voir Berrettini),	113	Filipepi,	130
Courtois,	21	Flandrin (Hippolyte),	31
Coypel (Charles-Antoine),	22	Flandrin (Paul),	32
Crayer,	218	Fleury,	33
Crespi,	127	Fontenay (de),	33
D'anthoine,	23	Fortin,	33
Daubigny,	23	Fouchier,	222

TABLE.

	Pages.		Pages.
Fouquière,	222	Huysmans de Maline,	228
Fragonard,	33	Inconnus (école française),	94
France, de Liége,	223	*Idem* (école italienne),	167
Franck, le vieux,	223	*Idem* (école espagnole)	200
Fromentin,	34	*Idem* (école flamande),	256
Fyt,	224	Ingres,	42
Garneray,	34	Jacquand,	43
Garofolo (voir Tisio),	130	Jaley, statuaire,	270
Gaspre (voir Dughet),	128	Jordaens (Jakob),	229
Gautier,	34	Kœkkœk,	43
Gelder,	224	Lacroix (G.),	43
Géricault,	34	Lafosse (de),	43
Gérome,	36	La Hire (de),	44
Ghezzi,	130	Lairesse (Gérard de),	229
Ghigi,	131	Lamarie, statuaire,	273
Giordano,	131	Lancret,	45
Giorgion (voir Barbarelli),	109	Largillière,	46
Giraud (François),	36	Latour, ou de Latour,	47
Giraud, statuaire,	269	Lebrun (Charles),	48
Glauber,	225	Lebrun, statuaire,	285
Goujon (Jean), statuaire,	288	Lehmann,	49
Grenier,	36	Lemasle,	49
Greuze,	36	Le Paon,	49
Grif ou Gryef,	226	Lépicié,	50
Gros,	38	Le Poittevin,	50
Grootaers fils, statuaire,	278	Leray,	50
Guardi,	132	Leroux,	51
Gudin,	39	Lessore,	51
Guerchin (voir Barbieri),	111	Lesueur,	51
Guichard, statuaire,	272	Licherie,	52
Guido (voir Reni),	143	Lotto,	133
Hagen,	226	Loutherbourg,	53
Helmbrecker,	226	Lucas,	53
Helmsdorf,	40	Luciano,	133
Helst,	227	Luminais,	53
Hermann,	227	Luti,	134
Hesse,	40	Luyn (Van),	230
Holbein (le vieux),	228	Malknecht, statuaire,	274
Hooch (Pierre de),	228	Maltais (le),	135
Hue,	41	Manfredi,	135
Huet (C.),	41	Manglard,	54
Huet (J.-B.),	41	Maratta,	136

TABLE.

	Pages.		Pages.
Marbres,	268-277	Pater,	62
Martin,	54	Pérignon,	62
Maryn,	230	Perrot,	63
Mather,	55	Pérugin (voir Vannucci),	160
Matsys (Quintin),	231	Péters (Bonaventure),	237
Maupercher,	55	Péters (Jean),	238
Maximilien, statuaire,	269	Petitot,	63
Ménard, statuaire,	276	Philatre,	65
Merson,	56	Picou,	65
Meulen (Van der),	231	Piombo (Séb. del) v^r Luciano	133
Michau,	233	Pitloo,	238
Michel (Émile),	56	Plâtres,	271-285
Michel (P.-F.),	56	Poel (E. Vander),	238
Michel-Ange des Batailles (voir Cerquozzi),	125	Ponte (Jacopo da),	141
		Ponte (Léandro da),	140
Mieris,	234	Porbus (Franz),	239
Millé (Francisque),	234	Poussin,	65
Momper,	235	Preti,	142
Mola,	137	Pynacker,	239
Monnoyer,	56	Quast,	240
Mulier,	138	Raffaello (voir Sanzio),	152
Muller (Hermann),	236	Raoux,	67
Murillo,	196	Recco,	143
Nanni,	138	Rembrandt,	240
Nanteuil,	57	Rémond,	67
Natoire,	57	Reni,	143
Nattier,	58	Renoux,	68
Noel,	59	Ribera,	197
Nuzzi,	139	Robert (Léopold),	68
Oort (Van),	236	Robert-Fleury,	72
Ornements antiques,	290	Robusti,	145
Ostade (Isaac Van),	236	Roger,	72
Otto Vénius (voir Venn),	251	Rokes,	242
Oudry,	59	Romanelli,	147
Ouvrages très-anciens,	191	Roncelli,	147
Ovens,	237	Roos,	242
Pacetti, statuaire,	285	Rosa (Salvator),	147
Pajou, statuaire,	284	Rosselli,	150
Panini,	140	Rouette,	72
Papety,	60	Rousseau (Théodore),	73
Parrocel,	61	Rubens,	243
Patel,	61	Rugendas,	245

TABLE.

	Pages.		Pages.
Ruisdael,	246	Tocqué,	85
Ruxthiel, statuaire,	277	Toulmouche,	85
Sablet (Jacques),	73	Tournières,	86
Sablet (Jean-François),	74	Trimolet,	87
Sacchi,	150	Turchi,	158
Salvi da Sassoferrato,	151	Ulrich,	87
Santerre,	75	Valentin,	88
Sanzio,	152	Vanni,	158
Sarasin de Belmont (Mme),	76	Vannucchi (Andréa),	159
Sarto (voir Vanucchi),	159	Vannucci (Piétro),	160
Sassoferrato (voir Salvi),	151	Vecellio,	161
Schall,	76	Veen (Otho Van),	251
Scheffer (Ary),	77	Velasquez,	198
Schnetz,	77	Velde (J. Van Den),	252
Sculptures, statues,	268	Verbœckhoven,	252
Seghers,	246	Vernet (C. Joseph),	88
Seurre, statuaire,	270	Vernet (Horace),	89
Sigalon,	78	Veronese (Al^{dre}), v^r Turchi,	158
Snave,	80	Veronese (Paul), v^r Caliari,	115
Sneyders,	247	Verschuuring,	252
Solimena,	154	Vignon,	90
Son (Jean Van),	247	Vinci (Léonard de),	163
Steinhel,	81	Vinckenbooms,	252
Stella,	81	Viso,	164
Steuben,	81	Vivarini,	165
Stomeen,	248	Viviani,	165
Strozzi,	156	Vliet,	253
Subleyras,	83	Volaire (le chevalier),	90
Suc, statuaire,	281-288	Vos (Simon de),	253
Swanevelt,	248	Vouet (Aubin),	92
Tanneur,	84	Vouet (Simon),	91
Taunay,	84	Zampieri,	165
Tempesta (voir Mulier),	138	Ziegler,	92
Tempesta, Tempesti,	156	Zucchero,	167
Teniers le vieux,	249	Zurbaran,	199
Teniers le jeune,	250	Wael (Corneille de),	254
Thielen,	251	Wael (J.-B. de),	254
Tintoret (le), voir Robusti,	145	Wateau,	92
Tisio,	157	Wouverman (Philips),	254
Titien (voir Vecellio),	161	Wouverman (Pierre),	255

Nantes, Imprimerie de Mme veuve C. Mellinet

SUPPLÉMENT
Au Catalogue du Musée des Tableaux
DE NANTES.

BAUDRY (Paul).

1164 *Madeleine repentante.*

BLANCHET (L.-G.), *peintre du siècle dernier, né à   . mort à Rome où il passa la plus grande partie de sa vie.*

1165 *Portraits en pied des révérends Leseur et Jacquier, mathématiciens et astronômes, à Rome.*

Signé : L. G. Blanchet Pinxix Romae, 1772.

H. 1,37. — L. 1 m. T. — C. C^t.

CURZON (Paul-Alfred de).

1166 *La fileuse.*

CASTIGLIONE (Giovanni-Benedetto) : voir la notice, page 124.

1167 *Troupeaux conduits par plusieurs hommes à cheval, dans la campagne de Rome.*

H. 0,42. — L. 0,62 T. — C. C^t.

CORNEILLE (Michel), *né à Paris, en 1642, mort en 1708.*

Il était élève de Michel Corneille, son père, et fut membre de l'Académie de peinture.

1168 *Le dimanche des Rameaux.*

Sainte Geneviève reçoit une palme de saint Médard.

H. 3,16. — L. 2 m. T. — G^t 1807.

CUYP (Albert), *né à Dort, en* 1606, *mort en* 1664. *(Ecole hollandaise.)*

On lui attribue :

1169 *Portrait en pied, dans un paysage, d'une jeune fille coiffée d'une plume blanche et tenant des fleurs.*
H. 1,16. — L. 0,97 T. — C. C^t.

DE LA TOUR (G.) *Ce peintre, qui nous est inconnu, vivait dans le XVIIe siècle.*

1170 *Un vieillard endormi, est réveillé par une jeune fille portant un flambeau.*
Figures à mi-corps :
Signé : G. De La Tour.
H. 0,92. — L. 0,82 T. — C. C^t.

1171 *Reniement de Saint-Pierre.*
Une servante l'interroge, tandis que des soldats jouent aux dés les vêtements du Christ.
Effet de lumière.
Signé : G. De La Tour. In et fec. M D C L.
H. 1,20 — L. 1,60 T. — C. C^t

DENNER (Balthasar), *né à Hambourg, en* 1685, *mort en* 1747. *(Ecole allemande.)*

On lui attribue :
1172 *Sainte famille.*
L'enfant Jésus étendu sur les genoux de la Vierge, caresse le menton de Saint-Joseph.
H. 1 m. — L. 0,83. T. — C. C^t.

DYCK (Anton-Van), notice, page 220.
D'après lui :
1173 *Sainte famille aux Anges.*
H. 0,60. — L. 0,73 B. — C. C^t.

Gravé par *Schelte* et par *Jacques Cœlmans*, en 1698.

De son école :

1174 *Portrait de Philippe Duplessis-Mornay.*

En haut est écrit :

ÆTATIS. 64. PLESSIS MORNAY : 1613.

H. 0,58. — L. 0,48. B. — C. C*t*.

FAUCHIER (Laurent), *peintre français, habile portraitiste du XVIIIe siècle, élève de Mignard.*

1175 *Portrait d'une dame vêtue de noir, et coiffée de ses cheveux.*

H. 0,74. — L. 0,64. T. — C. C*t*.

GOYEN (Jean-Van), *né à Leyden, en 1596, mort à la Haye en 1656. (Ecole hollandaise.)*

1176 *Tonte de moutons, dans un paysage accidenté.*

H. 0,49 — L. 0,89. B. — C. C*t*.

HONTHORST (Gérard), dit DALLE-NOTTI, *né à Utrecht, en 1592, mort à la Haye, en 1663, élève d'Abraham Blœmaert. (Ecole hollandaise.)*

1177 *Adoration des bergers.*

La lumière qui s'échappe de l'enfant Jésus éclaire toute la scène.

Figures à mi-corps.

H. 1, 46. — L. 1,14. T. — C. C*t*.

KABEL (Ary-Vander), *né à Ryswyck, près de la Haye, en 1631, mort à Lyon, en 1695. (Ecole hollandaise.)*

1178 *Paysage-marine, sur les bords de la Méditerranée.*

Un berger conduit un troupeau; des galères et d'autres navires sont mouillés près du rivage.

H. 0,81 — L. 0,97. T. — C. C'.

LANCRET (Nicolas), Notice, page 45.

1179 *Promeneurs dans les jardins de Marly.*

Un cavalier offre des fleurs à deux dames assises sur l'herbe auprès d'un autre cavalier. Plus loin, près d'une fontaine, une dame lance de l'eau avec la main à deux jeunes gens qui paraissent plaisanter avec elle. Beaucoup d'autres personnages se promènent dans les allées du jardin.

H. 0,42. — L. 0,63. T. — C. C'.

LENAIN (Les frères), *peintres du XVIIe siècle*

La vie de ces artistes est à peu près inconnue. On sait seulement que les trois frères, Louis, Antoine et Mathieu, nés à Laon, y reçurent des leçons d'un peintre étranger et vinrent ensuite se fixer à Paris. Ils furent tous les trois reçus membres de l'Académie de peinture. Louis mourut le 23 mars 1648, âgé de 55 ans; Antoine mourut quelques jours après lui à l'âge de 70 ans, et Mathieu, le cadet, vécut jusqu'au 20 août 1677. On reconnaît facilement un ouvrage des Lenain à la couleur et à l'expression toujours mélancolique de leurs figures; mais il est à peu près impossible de l'attribuer à l'un plutôt qu'à l'autre des trois frères.

1180 *Intérieur rustique.*

A droite, une grand'mère assise fait manger une petite fille. Au centre, un paysan assis, tient d'une main une bouteille garnie d'osier, et, de l'autre, présente un verre plein à une femme debout qui semble hésiter à l'accepter. Auprès d'elle, un autre paysan assis, regarde le verre avec convoitise. A gauche, une jeune femme debout recure un plat en terre rouge, qu'elle appuie sur une barrique. A ses pieds sont d'autres vases épars. Au fond, un homme entre dans un caveau situé sous un escalier.

H. 0,65. — L. 0,80. T. — C. C^t.

LUCATELLI (André), *né à Rouen en 1540, mort en 1717.* (Ecole romaine.)

1181 *Paysage accidenté.*

H. 0,97. — L. 0,76. T. — C. C^t.

PANNEELS (Guillaume), *peintre graveur, élève de Rubens, inscrit dans la gilde de saint Luc, d'Anvers, en 1627-28. Il a beaucoup gravé d'après son maître.*
On lui attribue :

1182 *Diane découvrant la grossesse de Calisto.*

Signé :
A. 1640

H. 0,76. — L. 1 m. T. — C. C^t.

PILLEMENT (Jean), *né à Lyon en 1726, mort en 1808.*

Ce peintre, dont la vie est peu connue, séjourna longtemps à Vienne. Sur une estampe gravée d'après lui, par Godefroy, de Vienne, il prend le titre de peintre du Roi de Pologne et de la Reine de France, Marie-Antoinette.

1183 *Paysage, effet du matin.*

Un torrent se précipite en cascades au milieu de rochers reliés par des ponts que traversent des pâtres avec leurs troupeaux.

1184 *Paysage, effet du soir.*

Des paysans conduisant un troupeau, passent sur un rocher au pied duquel une rivière tombe en cascade.

Pendant du précédent.

H. 0,55. — L. 0,65. Ovale T. — C. F.

QUELLIN (JEAN-ERASME), *né à Anvers en 1634, mort en* ..... (Ecole flamande)

Il reçut en naissant le seul prénom d'*Erasme*; celui de *Jean* lui vint de sa confirmation. Son père l'envoya de bonne heure en Italie, où il étudia avec soin les ouvrages de P. Veronèze. A son retour, il épousa Cornélie Teniers, fille du célèbre peintre de ce nom. La préparation des toiles dont se servait Quellin, ont malheureusement fait pousser au noir la plupart de ses tableaux.

1185 *Monument d'une riche architecture sous le portique duquel Mercure frappe Aglaure de son caducée.*

Signé, E.QL.F.

H. 1,30. — L. 0,99. T. — C. C^t.

RIBERA (Notice, page 197.)

1186 *Saint Gérôme.*

H. 0,68. — L. 0,55. T. — C. C^t.

RICCIARELLI (DANIEL), dit DANIEL DE VOLTERRE, *né à Volterre en 1509, mort à Rome en 1566.* (Ecole de Florence.)

1187 *Tête du Christ couronné d'épine.*

H. 0,38. — L. 0,32. B. Octogone. — C. C^t.

RUBENS (PIERRE-PAUL), (notice, page 243.)
On lui attribue :

1188 *La fuite en Egypte* (esquisse.)

Signé : R.

H. 0,40. — L. 0,32. T. — C. C^t.

TENIERS LE JEUNE (David), (notice, page 250.)

On lui attribue :

1189 *Jeune homme écrivant sur une table recouverte d'un tapis de Turquie.* Figure à mi-corps.
H. 0,77. — L. 0,60. T. — Acq. 1847.

TENIERS (Abraham), *frère du précédent, né à Anvers en 1608, mort en 1671.* (Ecole flamande.)

1190 *Kermesse, ou fête flamande.*
H. 0,55. — L. 0,69. T. — C. C^t.

TURPIN DE CRISSÉ (Lancelot-Théodore, Comte de), *né à Paris en 1781, mort en 1859.*

Il fut élève de son père, et il a exposé au salon un grand nombre de tableaux, de 1806 à 1827. Il était membre libre de l'Institut, et fut inspecteur général du département des Beaux-Arts.

1191 *Entrée de l'Empereur d'Autriche à Venise, vue prise sur le grand canal.*
H. 0,97. — L. 1,30. T.

1192 *Vue prise dans la forêt de Fontainebleau.* Dessin à la mine de plomb.

1193 *Pendant du précédent.*

Légués par l'auteur au Musée de Nantes.

VELDE (Willem Van Den), *né à Amsterdam en 1633, mort à Greenwich en 1707.* (Ecole hollandaise.)

On lui attribue :

1194 *Marine.*
H. 0,43 — L. 0,50. — C. U. de S. B.

VERNET (Claude-Joseph), (notice, page 88.)

1195 *Marine vue entre deux rochers.*
H. 0,97. — L. 0,76. T. — C. C^t.

1196 *Un vieillard et des soldats causent auprès d'un groupe d'arbres au milieu des rochers.*
H. 0,65 — L. 0,49. T. — C. Ct.

Ces deux tableaux ont été peints à Rome, lorsque J. Vernet cherchait la manière de Salvator Rosa.

INCONNUS.

1197 *Jésus-Christ porté au tombeau.* (Ecole flamande.)
H. 1,22. — L. 0,80. B. — C. Ct.

1198 *Paysage. Vue prise sur les bords du Rhin.*
Signé : DV B.

1199 *Paysage. Vue des bords du Rhin.*
Pendant du précédent :
H. 0,36. — L. 0,40. T. — C. Ct.

Cette signature est attribuée à un peintre nommé *Daniel Van-Boon* qui vivait dans le XVIIe siècle, mais sans que cette attribution puisse être affirmée.

1200 *La leçon de chant.*

Une femme assise, coiffée d'un chapeau à plume, tient un cahier de musique dans lequel elle chante. Près d'elle, un homme assis sur un cuvier, l'accompagne avec une mandoline. Sur la muraille du fond, auprès de deux violons suspendus, sont dessinés au trait, une paire de lunettes, une chouette et un flambeau.

Ce tableau est signé : HC, IN,

Ce monogramme appartient à un peintre flamand du XVIIe siècle dont on n'a pu encore découvrir le nom.

Nantes, Imp. ve C. Mellinet.

ERRATA.

Page 10, ligne 22, supprimez l'article *Blanchet*.
— 17, — 7, au lieu de : *Louis*, lisez : *Lazare*, né à Paris en 1754, mort en 1804.
— 18, — 9, ajoutez : *(Joseph)*, né à Veronne en 1789.
— 18, — 13, ajoutez : né vers 1745, vivait encore en 1793.
— 19, — 23, ajoutez : *(René-Louis-Maurice Beguyer de)*, né à Nantes en 1757, mort à Paris en 1817.
— 20, — 1, au lieu de *vivait*, etc., lisez : en 1599.
— 25, — 2, après élève, ajoutez : *de Watelet et*.
— 28, — 19, ajoutez : ces paysages, auxquels nous avons conservé l'attribution indiquée par le donateur, nous paraissent devoir être plutôt attribués à *Paul Delaroche*, alors qu'il était élève de Watelet.
— 43, — 24, au lieu de *neveu*, lisez : *oncle*.
— 45, — 10, supprimez cette ligne portée ailleurs
— 46, — 17, ajoutez : *gravé par Laurent Cars*.
— 47, — 21, supprimez cet article tout entier.
— 53, — 10, au lieu de *Lucas (Auger)*, lisez : *Auger (Lucas)*.
— 62, — 13, supprimez ce n° 174, porté ailleurs.
— 76, — 20, ajoutez : né à Strasbourg, élève de frère André.
— 77, — 1, ajoutez : né à Dordrecht en 1795, alors annexé à la France.
— 84, — 27, au lieu de 1775, lisez : 1755.
— 86, — 19, lisez : *H*. 0,84 — *L*. 1,04, et lignes 23 et 27, lisez : *H*. 0,98 — *L*. 1,24.
— 90, — 22, ajoutez : *Pierre-Jacques*, né à Toulon.
— 92, — 17, au lieu de *Wateau*, lisez : *Watteau*.
— 93, — 21, supprimez les lignes 21 et 22.
— 113, — 20, supprimez : *on lui attribue*.
— 129, — 24, supprimez tout l'article *Fiasella*, porté ailleurs.
— 142, — 14, supprimez : *d'après lui*.
— 149, — 13, supprimez cet article qui appartient à Joseph Vernet.

Page 172, *ligne* 10, supprimez cet article, porté à Quellin.
— 172, — 15, supprimez cet article, porté à Castiglione.
— 173, — 4, supprimez cet article, porté à Otto Venius.
— 173, — 8, supprimez cet article, porté à Daniel de Volterre.
— 177, — 21, au lieu de : *elle la montre*, lisez : *de la main, elle montre.*
— 183, — 1, supprimez cet article.
— 198, — 24, supprimez l'article 731.
— 204, — 3, au lieu de *Akorf*, lisez : *AKOF.*
— 208, — 14, au lieu de 1680, lisez : 1677-1678.
— 211, — 1, au lieu de *Brakemburg*, lisez : *Brakemburgh.*
— 211, — 14, au lieu de *Brauwer*, lisez : *Brouwer.*
— 213, — 32, lisez : *né en 1568, mort à Anvers en* 1625.
— 218, — 7, au lieu de 1582, lisez : 1585.
— 222, — 3, supprimez : *on lui attribue.*
— 222, — 7, supprimez cet article en entier.
— 224, — 1, lisez : *né en 1609, mort en 1661.*
— 228, — 11, supprimez cet article en entier.
— 235, — 6, lisez : *né en 1559, mort en 1634 à* 1635.
— 240, — 17, au lieu de : *né près de*, lisez : *né à Leyde.*
— 243, — 4, au lieu de : *né à Cologne*, lisez : *né à Siegen, comté de Nassau.*
— 246, — 26, lisez : *le premier, né en 1590, mort en 1661; le second, né en 1597, mort en* 1655.
— 247, — 17, au lieu de : *Sneyders*, lisez : *Snyders*, et au lieu de : *Bruxelles*, lisez : *Anvers.*
— 248, — 4, au lieu de : *Stomeen (M. D.)*, lisez : *Stomme (M. D. de)*, et à la ligne 10, lisez : *signé : M. D. de Stomme,* 1614.
— 250, — 2, lisez : *mort à Bruxelles*, au lieu de *Perkec*, et ligne 30, supprimez les trois dernières lignes.
— 251, — 24, supprimez les cinq lignes qui suivent.
— 257, — 4, au lieu de : 1642, lisez 1662.

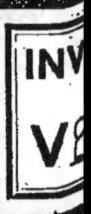

www.ingramcontent.com/pod-product-compliance
Lightning Source LLC
Chambersburg PA
CBHW052240220526
45471CB00001B/122